NOTICE

HISTORIQUE ET ARCHÉOLOGIQUE

SUR

HALINGHEM.

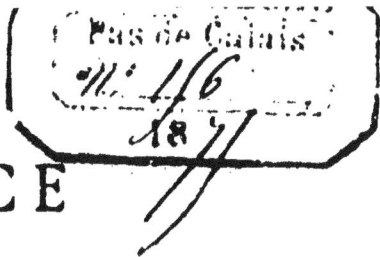

NOTICE

HISTORIQUE ET ARCHÉOLOGIQUE

SUR

HALINGHEM

(Canton de Samer, Pas-de-Calais)

PAR

L'ABBÉ F.-A. LEFEBVRE

Membre de la Commission des Antiquités départementales ;
de la Société française d'Archéologie ;
de la Société Académique de Boulogne-sur-mer ;
des Sociétés des Antiquaires de la Morinie, de la Picardie, etc.

BOULOGNE-SUR-MER.

IMPRIMERIE CAMILLE LE ROY, 51, GRANDE RUE.

—

1 8 7 5

IMPRIMATUR

Episc. Atreb. Bolon. et Audom.

Atrebati 20 Julii 1875.

PLAN D'HALINGHEM

1. Eglise
2. Presbytère
3. Ecole
4. Puits communal
5. Moulin
6. Moulin brûlé
7. Moulin des Moines
8. Ferme
9. Mare
10. Fosse à Colliot
11. Calvaire

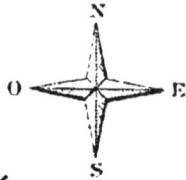

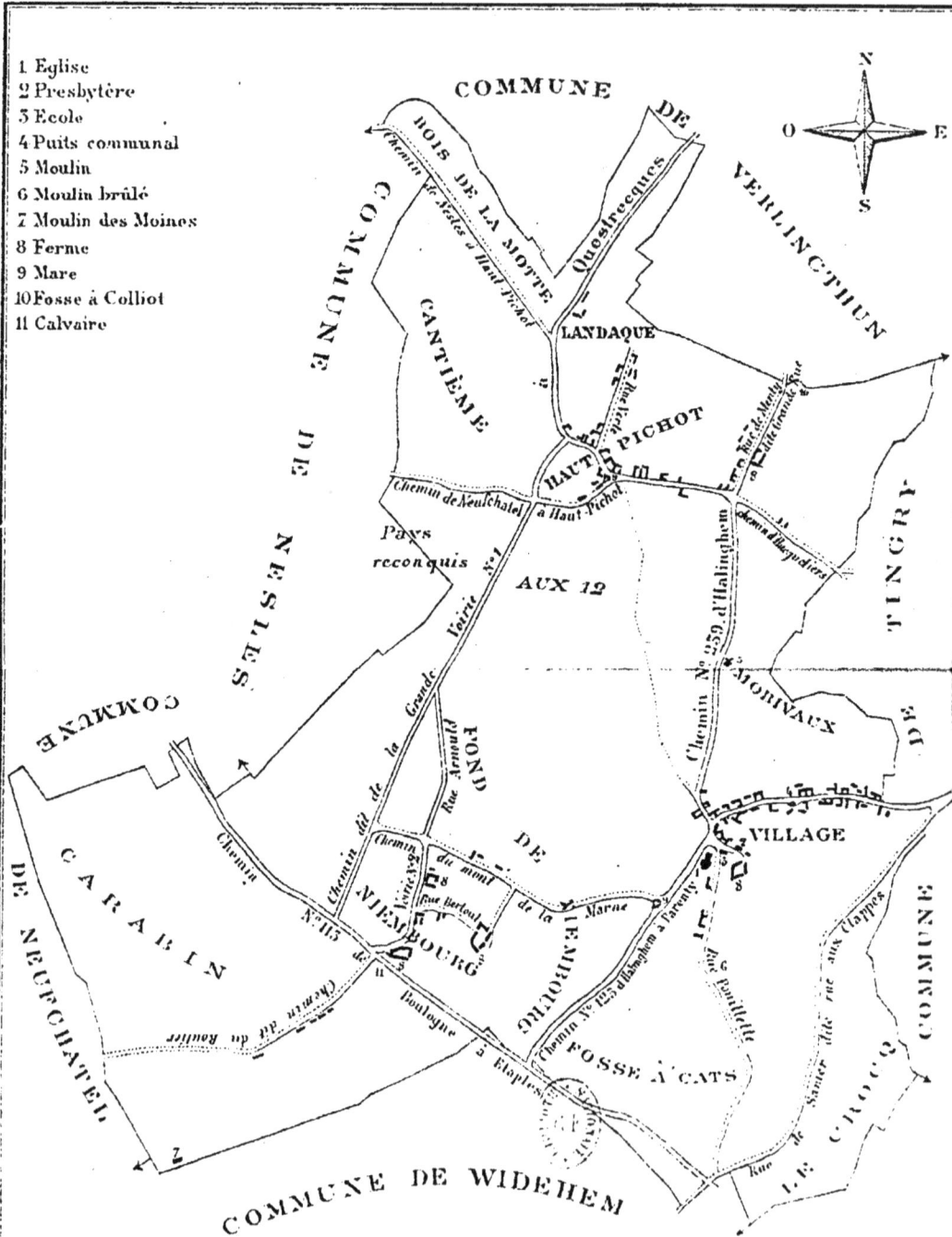

COMMUNE DE VERLINCTHUN

COMMUNE

BOIS DE LA MOTTE

CANTIÈME

COMMUNE DE NESLES

COMMUNE

Questrecques

LANDAQUE

HAUT PICHOT

Chemin de Neufchatel à Haut Pichot

Pays reconquis

AUX 12

Chemin N° 159 d'Halinghem

MORIVAUX

DE TINGRY

CARABIN

Chemin

NIEMBOURG

FOND DE

NIEMBOURG

Rue Arnould

Verte N° 4

Chemin dit de la Grande

Chemin du mont

de la Marne

VILLAGE

FOSSE À CATS

LE CROQ COMMUNE

DE NEUFCHATEL

Boulogne à Etaples

COMMUNE DE WIDEHEM

N. Berr, Boulogne

PRÉFACE

En recueillant des notes sur la commune d'Halinghem, notre pensée n'était pas de les livrer à la publicité. Nous désirions seulement remplir le vœu de Monseigneur PARISIS, évêque d'Arras, qui avait demandé à ses prêtres de réunir, dans un registre paroissial, tous les faits qui pouvaient avoir quelqu'intérêt pour leur paroisse et leur église.

On connaissait peu de choses sur ce petit village, perdu au haut d'une des montagnes de la chaîne boulonnaise ; et pour refaire son histoire, en l'absence d'archives dispersées par les guerres, ou brûlées pendant la Révolution, la tâche était difficile. Mais la poussière du vieux temps est si féconde, qu'il est bien rare que, malgré tout, elle ne fournisse pas quelques souvenirs, même au plus humble village.

Nous avons donc été glanant et dans les traditions de nos campagnes et dans les manuscrits de nos bibliothèques ; et nous sommes parvenu a faire un tout bien modeste, sans doute, mais qui n'est pourtant pas sans intérêt historique. D'ailleurs quoi de plus attachant et de plus curieux que d'étudier ces vieilles traditions populaires ; de rechercher sur le sol le passage de populations éteintes ; de retrouver, dans les pierres du chemin, les jalons de leur marche, les étapes de leurs voyages ; d'explorer les endroits où ils séjournèrent, les lieux où ils livrèrent bataille, et de refaire ainsi, petit à petit, à force de patience et de recherches, l'histoire inconnue d'un village.

Dans une de ses tournées pastorales, Monseigneur Parisis nous engagea à publier ces notes ainsi rassemblées. — « Les plus » petites choses sont utiles pour l'histoire, disait-il, et si chacun » de mes prêtres réunissait ainsi des notes sur les monuments » de l'antiquité qui existent encore dans leur paroisse, et sur » les faits qui s'y sont passés, on aurait là des documents bien » précieux pour l'histoire générale du pays. »

Malgré ces encouragements nous ne pûmes alors nous décider à publier un travail qui nous paraissait si peu important et qui n'avait un intérêt direct que pour un nombre restreint de lecteurs. Nous remîmes donc, à un autre moment, de remplir l'intention de notre évêque, espérant toujours pouvoir compléter les documents qui se trouvaient entre nos mains et donner ainsi une notice plus étendue.

Notre espérance a été, en partie, déçue, les matériaux n'ont pas été aussi complets que nous pouvions le désirer et nous avons dû laisser bien des lacunes. Toutefois les habitants de notre paroisse nous ayant vivement manifesté le désir de connaître l'histoire de leur pays, nous n'avons pu refuser de leur donner ce souvenir de notre passage au milieu d'eux. C'est donc surtout pour eux que nous écrivons et c'est pourquoi nous leur dédions cette notice sur Halinghem.

Nous nous sommes étendu, trop longuement, peut-être, sur l'église. Mais l'église n'est-elle pas comme le berceau et la tombe des générations, comme le centre des intelligences et des cœurs.

Quand nous l'avons pu, nous n'avons pas épargné les détails ;

nous croyons que ces querelles domestiques, ces déchirements intérieurs, ces vicissitudes de la vie d'un village peuvent seuls faire connaître les sentiments intimes, les mouvements et les passions qui ont agité, à certaines époques, le cœur de nos bons habitants des campagnes.

Nous espérons que cet écrit sera utile et agréable à nos chers paroissiens. Il leur parle des deux choses qui doivent être les plus chères à l'homme, son Dieu et sa patrie, son église et son pays. Sans le culte du foyer et du pays natal, l'amour des hommes n'est qu'une froide généralité. C'est la pire de toutes les abstractions, le plus insensé de tous les rêves ; l'abstraction et le rêve des révolutionnaires, aboutissant, en fin de compte, aux tristes réalités dont nous sommes actuellement les témoins.

En la fête de St-François-de-Sales.

29 janvier 1875.

I.

Description du village d'Halinghem et de ses trois hameaux : Niembourg, Haut-Pichot et Landacque.

———

A seize kilomètres de Boulogne, en suivant le chemin de grande communication qui conduit de cette ville à Etaples (¹), et à peu de distance de la gare de Neufchâtel, on rencontre un hameau assis dans un petit vallon resserré entre deux collines. C'est Niembourg, le poste avancé de la commune d'Halinghem. Trop à l'étroit dans l'espace vide que lui laisse la montagne, il s'étage le long de la côte, se cachant dans le feuillage et se présentant au voyageur comme une agréable oasis, au milieu d'une nature aride et quelque peu sauvage. A une faible distance apparaît le village principal, au sommet d'une côte raide et crayeuse.

Le hameau de Niembourg ne renferme que peu d'habitants. A droite de la route, quelques pauvres maisons s'é-

(1) Chemin n° 113 de Frévent à Boulogne par Hesdin et Montreuil.

lèvent sur le chemin qui porte le nom de *Routier* et qui conduit à la ferme de *Pitendal*, appartenant à l'hospice de Boulogne. Les autres habitations se trouvent à gauche de la route, près des trois fermes qui s'étagent, l'une au-dessus de l'autre, dans la direction d'Halinghem.

Pour gagner le village, on prend, sur la gauche, un peu au-delà de Niembourg, un chemin de grande communication qui relie la route, dont nous venons de parler, avec celle de Paris. Ce chemin traverse Halinghem dans toute sa longueur (¹).

Après avoir gravi la côte qui conduit sur le plateau, on arrive à la *Grand'Mare ;* le pays étant sans eau, on est obligé de recueillir, avec soin, les eaux pluviales pour abreuver le bétail et servir même aux besoins domestiques. Le premier édifice que l'on rencontre à l'entrée du village, c'est l'église : petit sanctuaire gothique, nouvellement bâti sur un des côtés de la place et entouré de jeunes arbres qui lui promettent un abri pour l'avenir.

Le style de ce monument est celui du XIIIᵉ siècle avec sa noble et gracieuse simplicité. Il se compose d'une nef et d'un chœur. Deux sacristies, avec leurs pignons aigus, enserrent l'abside et présentent à l'extérieur la forme d'un transsept qui s'harmonise parfaitement avec l'ensemble de l'édifice. Le monument appuie ses épaisses murailles sur vingt contreforts qui font saillies et du milieu desquels s'ouvrent des baies hautes et étroites avec leurs ogives lancéolées.

(1) Route nᵒ 125, de Parenty au chemin nᵒ 113 par Halinghem. Elle fut commencée le 10 janvier 1845 et terminée à la fin de 1857.

La tour quadrangulaire, placée dans l'axe au bas de la nef, forme porche intérieur. Elle a 17 mètres d'élévation et est surmontée d'une flèche octogonale de plus de dix mètres, qui s'élance dans les airs avec élégance et domine au loin le plateau sur lequel l'église est construite.

Le soubassement des contreforts et des murs est partie en grès piqués, partie en silex et ciment. Les murailles sont en briques rouges et en pierre de taille de St-Leu : système de construction d'une grande solidité et d'un effet excellent. Le portail, les cordons, les corniches, les encadrements des fenêtres, les angles du clocher, les rampants des pignons, les amortissements fleuragés, les dessus des contreforts avec leurs dalles blanches et leur fin profil se détachent sur le ton rouge des murailles et donnent un aspect monumental à ce modeste édifice.

Le portail est orné de moulures et de deux colonnes surmontées d'une archivolte qui entoure le tympan et forme voussure. Les portes en chêne à rèles chanfreinées sont munies de pentures forgées dans le style de l'époque, et ces ferrures à fleurons contournés en font à elles seules toute l'ornementation. Le dessus du portail est percé de deux fenêtres géminées destinées à éclairer la tribune ; entre ces baies se trouve, avec son dais et son culot en pierre sculptée, la statue de St-Sylvestre, patron de l'église (¹).

En avant du portail se trouve un porche ouvert de trois côtés ; son toit élancé va rejoindre le culot de la statue et

---

(1). Cf Annuaire du diocèse d'Arras, année 1805. Description de l'église d'Halinghem.

donne du mouvement à la façade qui, sans lui, serait quelque peu monotone.

Ouvrons la grille, entrons dans l'église par la petite porte de côté, qui, elle aussi, aurait besoin d'un porche comme le moyen-âge savait en faire et essayons de décrire ce sanctuaire avec tout l'intérêt qu'il mérite.

A peine a-t-on fait quelques pas dans l'intérieur, que l'on est frappé de l'heureuse harmonie de l'ensemble et du sentiment chrétien qui a présidé à l'arrangement et à l'ornementation de cette église.

Dans cette mystique enceinte, avec ses trois autels animés de vives couleurs rehaussées par l'éclat de la dorure; dans ce sanctuaire inondé de la clarté de ses vitraux et orné de colonnettes parées d'ornements divers; devant ces peintures, ces enroulements, ces arabesques, où brillent la pourpre, l'azur et l'or; sous cette voûte étoilée, au milieu d'une atmosphère chatoyante, mystérieuse, l'âme est saisie d'un sentiment pieux, elle se recueille et adore celui qui habite en ce temple : Dieu caché sous l'espèce eucharistique.

Telle fut sans doute l'impression de l'éminent auteur de l'*Annuaire du diocèse d'Arras*. « Ses trois autels en pierre, dit-il, dans la notice qu'il a consacrée à l'église d'Halinghem, sa cuve baptismale et sa chaire aussi en pierre, son appui de communion et ses hautes grilles, ses piscines, ses grisailles, le carrelage émaillé du chœur et le chemin de croix incrusté dans le mur donnent à cette petite église un caractère particulier qui inspire le respect, le recueillement et la piété. » (¹)

(1). *Ut supra*. P. 241.

Voyons l'église dans ses détails.

De chaque côté de la tour et sous la tribune qui s'avance en encorbellement, se trouvent deux petites chapelettes. Dans l'une on a placé le confessionnal et l'escalier de la tour ; dans l'autre le baptistère. Cette chapelle, fermée par de hautes grilles, est éclairée par deux lucarnes XIIIe siècle et prend une ouverture sur le porche intérieur et une sur la nef. La cuve baptismale est ornée de fleurs et de feuillage, et cantonnée de quatre colonnettes à chapiteaux de cornes. Dans l'épaisseur du mur se trouve un petit tabernacle pour recevoir les Saintes Huiles qui servent au baptême. Sur la porte sont tracés, en lettres d'or, ces mots : SANCTUM OLEUM. SANCTUM CHRISMA.

La nef, d'une grande légèreté, se compose de quatre travées et est éclairée par huit baies hautes et étroites, avec leurs ogives lancéolées, encadrées par les retombées des voûtes. Des culs de lampe soutiennent les arcs doubleaux et reçoivent les faisceaux des nervures qui s'épanouissent sur la voûte. Des rosaces de feuillages variés réunissent chaque croisé d'arcs et forment une ligne d'ornement tranchant sur le nu des parties voisines ; les moulures bien modelées sont fortement accentuées et à vives arêtes. Toutefois rien n'a été évidé avec plus de talent que les culots qui supportent la voûte et qui représentent un gracieux assemblage de fleurs et de feuillages divers.

Le chœur moins large que la nef a permis de placer, à l'arc triomphal, les deux autels latéraux, de telle façon que le fidèle embrasse d'un seul coup d'œil les trois autels qui ne font qu'un même ensemble. Composé de deux travées et d'une abside à trois pans, le chœur reçoit le jour par cinq fenêtres et repose les nervures de sa voûte sur des colonnettes aux chapiteaux variés, où l'on retrouve des modèles de N.-D. de Paris et de la Sainte-Chapelle. Dans le fond apparaît tout resplendissant de dorure, le maître-autel en pierre, avec sa table soutenue par deux colonnes, son tabernacle, son baldaquin et son retable d'un travail habile et d'une riche ciselure. Sous l'autel se trouve un grand reliquaire en cuivre doré et émaillé. A gauche de l'autel est placée la piscine et à droite un tabernacle creusé dans le mur, pour recevoir l'huile des infirmes. Sur la porte on a écrit en lettres d'or : OLEUM INFIRMORUM.

Les deux autels latéraux, aussi en pierre, sont, comme le maître-autel, entièrement polychromés. Les statues de la Sainte Vierge et de Saint Hubert, patron secondaire, les décorent ; les socles sont ornés de feuilles et de graines, les dais représentent des tourelles. Le retable de l'autel de la Ste-Vierge est surtout d'un bel effet, et est orné en relief d'un semi de fleurs de lys d'or sur fond d'azur. Cette antique forme héraldique et architecturale du lis était chère aux chrétiens du Moyen-Age ; cette fleur leur rappelait l'emblème de la pureté et ils aimaient à la placer à côté de la croix et près de la statue de la Vierge-Mère.

Le siége du célébrant et la chaire sont aussi en pierre; le siége et son coussin de la couleur du jour rappellent le souvenir des Sedilia des Catacombes ; la chaire est remarquable par son escalier en encorbellement (¹). Sur

(1) Les autels, la chaire et les fonts-baptismaux sont sortis des ateliers de M. Donlinger aîné, sculpteur à Boulogne. Cet artiste de talent a aussi exécuté toutes les sculptures de l'église.

les panneaux se trouvent les quatre évangélistes peints d'après les cartons d'Overbeck. De chaque côté des fenêtres de la nef et au-dessus des stations du chemin de croix entièrement polychromées sur fond d'or, on a peint sur le mur les douze apôtres de grandeur naturelle, d'après les cartons du même maître.

Autour de l'arc triomphal on lit cette inscription : GLORIA IN EXCELSIS DEO ET IN TERRA PAX HOMINIBUS BONÆ VOLUNTATIS (¹). Au-dessus de cette inscription se trouvent les armoiries de Sa Sainteté le Pape Pie IX, sous le pontificat duquel l'église a été construite, et un peu au-dessous les armes de Monseigneur Parisis, de Monseigneur Lequette, de Monseigneur Haffreingue et de Monseigneur Cataldi qui ont illustré cette église. Sur les colonnes du chœur et sous les culots de la nef, on voit revivre peintes et dorées les douze croix de consécration, sanctifiées par l'huile sainte et la prière du pontife.

Les dimensions de cette église, sans y comprendre le porche, sont à l'intérieur de 28 mètres de longueur sur 7 mètres 60 centimètres de largeur et 8 mètres 50 centimètres de hauteur, du sol à la clef de la voûte. Le chœur moins large que la nef ne mesure que 4 mètres 70 c.

Nous nous sommes arrêté trop longtemps, peut-être, à faire la description de l'église d'Halinghem ; mais ce modeste monument est pour les habitants de ce village un titre de gloire. Si les grandes cités s'enorgueillissent des édifices qu'elles élèvent à grands frais pour s'en faire comme une

(1) Gloire à Dieu au plus haut des cieux et paix sur la terre aux hommes de bonne volonté.

parure ; pourquoi l'humble village, ne serait-il pas justement fier, quand à force de sacrifices, inspirés et soutenus par la piété, il parvient à élever un temple pour l'offrir au Seigneur comme un hommage de sa foi et de son amour ?

Non loin de l'église, dans une rue qui conduit à la principale ferme d'Halinghem, se trouve le presbytère : maison blanche séparée de la rue par un tout petit jardin rempli de fleurs. Derrière la maison l'espace est si restreint qu'on a dû abandonner l'utile pour ne penser qu'à l'agréable Des corbeilles de roses, de géraniums et d'œillets, des pervenches, quelques iris, des lis, des aconits, des campanules se trouvent jetés çà et là autour d'une petite pelouse ombragée par un frêne pleureur.

L'extrémité du jardin est occupée par un bosquet touffu formé d'arbres aux feuillages variés. Les sapins aux sombres rameaux se mêlent aux noisetiers pourpres, à l'épine rose et aux cytises ; le feuillage tendre et si finement découpé de l'acacia et du sorbier tranche sur celui du laurier, du marronnier, du sumac et du thuya. Il semble qu'on ait laissé la nature entièrement maîtresse du terrain, seulement on lui a demandé de l'ombre.

A droite de ce bosquet, dans la direction de l'église, on aperçoit le cimetière, avec ses mottes couvertes de gazon. Il y a fort peu de pierres tombales ; presque tous les habitants de ce village sont pauvres. Çà et là quelques croix, ce symbole de l'espérance. Voilà toute la peinture de l'habitation chrétienne dont l'hôte est parti pour le ciel, léguant à la terre sa dépouille mortelle.

Une des pierres tombales présente cependant cette singularité, qu'elle a été exécutée du vivant de celui à qui elle était destinée. Le destinataire y a fait graver lui-même son nom et n'a laissé en blanc que le jour, le mois et l'année d'un décès qu'il redoutait peut-être. Cette lacune sera-t-elle comblée ? Ce fait s'est déjà présenté plus d'une fois et l'inscription commencée est souvent restée inachevée.

Vis-à-vis le cimetière se trouve l'école, trop petite pour la population enfantine qui la fréquente : cent enfants sous la direction d'un seul maître ! Le pays est pauvre et il ne peut faire les dépenses que nécessiteraient et la construction d'une école de filles et le traitement d'une institutrice ; le Gouvernement refuse de venir au secours de la commune parce qu'elle n'a pas cinq cents âmes. Que parfois l'on regrette de ne pas être du nombre des heureux du siècle ; avec quelques milliers de francs, on pourrait faire tant de bien ! (1)

Les maisons du village, d'assez chétive apparence et couvertes, pour la plupart, en chaume, sont élevées sur le côté de la place faisant face à l'église et le long de la route qui conduit au bois de Tingry ; le reste se trouve derrière le chœur de l'église, dans une rue qui porte le nom de *rue Pouillette* et sur la route qui relie Halinghem à Haut - Pichot (2). La *rue aux Clappes*, qui part de l'extrémité du village et se dirige vers la route de Widehem, ne possède plus d'habitations depuis quelques années.

---

(1) M. et M** du Soulier de Bavre viennent d'offrir généreusement un terrain pour bâtir cette école.

(2) Route n° 239 de Questrecques à Halinghem par Carly; l'adjudication eut lieu le 14 octobre 1865. Cette route ne fut terminée qu'en 1873.

Le Haut-Pichot est le hameau le plus important d'Halinghem. Malgré ses hautes prétentions à l'antiquité il a à peine l'aspect d'un village; toutefois, ses rues formant un parallélogramme et sa position sur un des plateaux les plus élevés de la chaîne boulonnaise lui donnent un aspect tout particulier et expliquent en partie la tradition populaire. Nous y reviendrons dans le cours de cette histoire.

A quelques pas du Haut-Pichot se trouve Landacque, le dernier hameau d'Halinghem et le moins important des trois; seulement, placé au sommet de la montagne qui est presque à pic en cet endroit, il offre au voyageur un paysage d'une saisissante beauté. De ce plateau qui se trouve à 162 mètres au-dessus du niveau de la mer, on domine ce que l'on appelle la *fosse boulonnaise*, avec sa gracieuse ceinture de montagnes, et l'on a devant soi la campagne la plus fraîche, la plus accidentée, la plus pittoresque qu'il soit possible d'imaginer.

La nature a prodigué dans ce coin de terre les spectacles les plus variés : dunes arides, hautes montagnes, sombres forêts, champs fertiles, riantes prairies, végétations pleines d'ombre et de fraîcheur, tout y est rassemblé. Au pied de la montagne se trouvent plusieurs villages qui semblent se cacher dans le feuillage, de crainte du vent de mer. Près d'eux, on aperçoit les garennes de Neufchâtel, au milieu desquelles poussent à peine quelques touffes d'oyats et d'épines marines, surface désolée que le vent dessèche, terrain sans consistance et qui fuit sous vos pas. Que de souvenirs le long de cette côte aride : ici était un village englouti par une nuit de tempête, sous une trombe de sable amoncelé, là, un vieux castel des comtes de Boulogne disparu aussi dans une tourmente (¹), et par-dessus tout, au haut de la dune, les ruines de la chapelle de St-Frieux avec sa fontaine miraculeuse et sa touchante légende.

A peine quelques traces de végétation semblent-elles vouloir protester contre l'aspect désolé de la côte ; seulement vers Condette, un bois de pins vient étaler, jusque sur la plage, l'immuable verdure de ses rameaux finement découpés. Et au-delà apparaît, par quelques échappées, l'Océan, tantôt agité par la tempête, tantôt calme et semblable à une glace aux mille facettes, doublant l'éclat des rayons du soleil et les rejetant sur tout ce qui l'environne.

Si vous vous tournez du côté opposé, le point de vue change à l'instant. Au lieu de ces grands horizons où l'œil s'égare, la chaîne boulonnaise vous présente son amphithéâtre semi-circulaire sur lequel étaient assis, jadis, de vieux châteaux-forts qui avaient vu les Anglais et les Impériaux en armes. Devant soi, la vallée se développe dans tout l'éclat de sa riante parure, large, accidentée, inondée de lumière. Les champs, couverts de moissons dorées, sont entrecoupés par de vastes prairies et ombragés par des bois de chênes, de hêtres, de bouleaux et de frênes, seul reste des forêts qui hérissaient toute la contrée.

De petits cours d'eau, avec leurs sinueux méandres, viennent porter partout l'abondance avant de se jeter

(1) Au XVIᵉ siècle, le village de Bellefontaine, situé au bas du mont Sᵗ-Frieux, du côté de la mer, fut enseveli sous les sables, ainsi que le hameau de Dammartin et le château de Haut-les-Lokes, sur le territoire de Neufchâtel. — Luto, ms. sur l'hist. de Boulogne.

dans la mer. Et au milieu de cet ensemble, dans la vallée et sur les collines, de jolis villages semés çà et là dans les intervalles des bois, des bourgs florissants, des maisons avec leurs toits rouges, des églises de tout genre, des flèches sveltes, hardies, légères, s'élançant du sein de riches ombrages, et à l'horizon la silhouette majestueuse du dôme de N.-D. de Boulogne, se détachant sur l'azur du ciel. Partout de nouveaux aspects, de nouveaux caprices de la nature ; nature féconde et vivace, embellie et utilisée par l'habile industrie de l'homme.

Comme fond du tableau, à une grande distance, après de nombreux accidents de terrain et de pentes successives, la vallée est fermée par des montagnes dont les lignes pleine d'harmonie semblent se perdre dans un lointain vaporeux et bleuâtre, où la mer, confondue avec ses teintes indécises, peut à peine se distinguer de l'horizon.

Que de souvenirs historiques se rattachent à ce coin de terre privilégiée ! Les Romains, ces anciens maîtres du monde, y ont laissé la profonde empreinte de leur passage ; la Féodalité y a construit ses châteaux et ses tours dont les ruines sont encore debout ; et la Religion y a élevé des monastères et des abbayes dont les tristes restes semblent pleurer leurs habitants absents. Dans ce vieux comté de Boulogne, chaque village a une page dans l'histoire : que de victoires et de défaites des Morins et des Northmans, que d'exploits chevaleresques dans les temps féodaux, que de guerres et de négociations de paix dans les temps modernes !

Devant une mine si riche en souvenirs historiques, il était facile à l'écrivain de choisir un fait saillant, un épisode remarquable qui pût intéresser ses lecteurs. Nous ne l'avons pas fait. La Providence nous a conduit dans un village presqu'inconnu et perdu au haut d'une des montagnes du Boulonnais et nous avons voulu faire pour lui ce que d'autres plus érudits et plus habiles ont fait pour des localités importantes. C'est là toute notre excuse.

II.

Étymologie du mot Halinghem, — Armes Celtiques. — Mardelles. — Domination romaine. — Tombeaux romains. — Inscription célèbre. — Velléités historiques du Haut-Pichot. — Fête du Bourdis.

Les antiquaires ont donné des étymologies bien diverses au nom que porte le village dont nous nous occupons. Les uns le font venir du Celtique et soutiennent qu'Halinghem veut dire *lieu planté de saules* (¹). Cette étymologie paraît bien peu probable : Halinghem, placé au haut d'une montagne sur un terrain sec et pierreux, n'est guère favorable à cette essence de bois qui demande les vallées humides.

D'autres étymologistes ne trouvent dans la composition du nom d'Halinghem que ces deux mots : *ghem* et *Halin*, *terre d'Halin*, s'appuyant sur ce que depuis le VIII° siècle, ces désinences : *hem, ghem, gahem*, qui signifient dans l'idiome saxon *terre, habitation, demeure, retraite*, ter-

_____

(1) Henry. Essai sur l'arrondissement de Boulogne, p. 109.

minent le nom d'un grand nombre de villages de nos
contrées.

D'autres encore y cherchent une étymologie teutonne.
D'après eux, Halinghem, que le moyen-âge a encore écrit :
Hallinghehem, Halinguehem, Heulinguehem et *Havelin-
geuhem*, viendrait de *Hall* et *ing* qui veulent dire *habitations, demeures dans les bois*, et ils rappellent pour
expliquer leur induction étymologique que toute cette
contrée était autrefois couverte de bois et faisait partie de
la forêt que les Romains appelaient *Sylviacus* (1).

Nous ne sommes pas assez érudit et nous n'avons pas
assez étudié les idiomes gaëliques et teutons pour décider
si cette étymologie est parfaitement juste et vraie ; mais
nous sommes certain, au moins, que les faits ne la démen-
tent pas. Il n'est guère d'endroit qui mérite mieux
qu'Halinghem la dénomination d'*habitation dans les bois*.

A l'époque Celtique les bois et les taillis couvraient le
plateau et la colline et descendaient jusque dans la vallée.
La tradition populaire a conservé le souvenir de cette
forêt, elle a donc pu laisser sa trace dans le nom du village
d'Halinghem. Plus tard l'église fut placée sous le patronage de St-Sylvestre. Ce fait n'indiquerait-il pas ce
qu'avait de forestier cette région émergée par la pioche du
serf et la bêche du moine ? St-Hubert, qui est aussi honoré
dans cette église comme patron secondaire, ne nous offri-
rait-il pas une preuve de plus de ce que nous avons
avancé ? Ce patron des chasseurs n'est guère invoqué
qu'au milieu des bois défrichés ou encore sur pied.

(1) Cf. Harbaville, Mémorial hist. t. 9, p. 79.—Luto ms. cit. ut supra.

Nous ne pouvons passer sous silence le sentiment de Mariette-Bey. Notre savant compatriote pense que les noms d'Halinghem et des nombreux villages du Boulonnais se terminant en *ghem* se composent d'éléments incontestablement germaniques et nullement celtiques.

« Il ne paraît pas, dit-il, que, jusqu'à la grande invasion du v° siècle, ancun établissement ait été tenté sur notre littoral par les Saxons. Mais à partir du v° siècle les annales contemporaines commencent à nous faire connaître quelques localités du nord de la Gaule, dont les noms accusent une origine saxonne et par suite attestent l'établissement de quelques familles de cette nation, dans le pays où l'on trouve ces localités. De plus, à mesure que les chroniques se rapprochent de nous, ces noms se reproduisent de plus en plus fréquemment jusqu'aux quatre ou cinq premières années du IX° siècle, époque à laquelle ancun nom nouveau ne se rencontre. »

» L'examen des chroniques nous fournit donc les deux points extrêmes entre lesquels est comprise la fondation des villages innombrables en *ghem* du Boulonnais. Le premier de ces points est fixé au v° siècle, le second au commencement du IX°. A cette époque (804), Charlemagne ordonna la translation en France et surtout en Flandre, de dix mille familles saxonnes (1). L'existence de tous nos villages saxons se trouve donc ainsi expliquée, d'un côté, par des migrations partielles opérées avant la fin des guerres de Saxe depuis le v° siècle, de l'autre côté par

---

(1) Chron. de Sigebert. — Chron. de St-Denis sur les gestes de Charlemagne, l. 11. c. 2.

l'arrivée soudaine, en 804, d'un grand nombre de familles saxonnes transportées en France par Charlemagne. »

« Tout porte à croire cependant que la presque totalité de ces villages remonte à l'année 804. En effet si l'on jette les yeux sur la zone qui s'étend des bords de l'Escaut aux rives de la Manche, jusqu'à l'embouchure de la Somme, on verra tous ces villages, aux désinences germaniques, assez clairsemés dans le Brabant, plus nombreux dans la Flandre, se rencontrer à chaque pas dans le Boulonnais. Ils deviennent ainsi plus nombreux à mesure qu'on avance de l'Est dans l'Ouest et semblent marquer la route d'une bande de Saxons qui aurait quitté les bords de l'Elbe, aurait marché vers l'Occident, tout en laissant sur son chemin une trainée de villages et ne se serait arrêtée que sur les bords de la Manche, où elle se serait définitivement établie. Les monuments contemporains ne nous ont transmis les noms dont il s'agit que postérieurement à l'année 804, pour l'immense majorité d'entre eux. A peine en trouve-t-on çà et là cinq ou six, cités dans les trois derniers siècles qui ont précédé le grand événement que nous venons de mentionner. » (1)

Nous nous sommes étendu longuement sur l'étymologie du nom d'Halinghem, parce que nous croyons que les noms de nos villages offrent souvent, sous une forme plus ou moins altérée, de précieuses indications sur l'origine des races et sur l'ancienne topographie des localités. L'histoire littéraire et la science archéologique sont également inté-

---

(1) Lettre à M. Bouillet sur l'article Boulogne. P. 25-26, notes 14-16.

ressées à ce que les érudits travaillent à débrouiller ce chaos.

En dehors de la question de l'arrivée des Saxons à Halinghem, ce lieu semble avoir été fréquenté par les Celtes, aux temps primitifs de notre histoire. Les haches, les flèches, les coins et les couteaux en silex taillé, trouvés sur son territoire, en sont une preuve suffisante. D'ailleurs, sans cette hypothèse on ne saurait comment expliquer certaines levées de terre qu'on aperçoit à différents endroits du territoire de la commune d'Halinghem et qui font encore saillie sur le sol, à moins que ce ne soit des *tumulus*. Malheureusement ils disparaissent chaque année de plus en plus ; la charrue, la bêche et les pluies contribuent successivement à les aplanir.

Le nom de Haut-Pichot n'aurait-il pas aussi une étymologie celtique ? Nous avons lu dans quelques vieux titres des derniers siècles *Haut-Puchot*. Si c'était le nom primitif de notre hameau, si c'était une leçon sérieuse, il y aurait lieu de chercher l'étymologie dans le vieux mot français *Puch*, qui veut dire *Puy (Podium)*, ce qui équivaudrait à *Pic*, le *Haut-Pic*. On le trouve encore cité sous le nom de *Picot* et de *Haut-Picot*. C'est bien là la même étymologie.

Sur le territoire du Haut-Pichot et surtout sur le versant de la côte boisée qui touche à la commune de Verlincthun, on trouve des *Marges* ou *Mardelles*. Ce sont des cavités circulaires, en cône tronqué, creusées de main d'homme, à ciel ouvert, que les archéologues considèrent comme l'étage souterrain des habitations celtiques.

« Le toit des cabanes, disent les auteurs de l'*Histoire*

de France par les monuments, descendant fort bas, on gagnait de la hauteur en creusant le sol de l'habitation jusqu'à une certaine profondeur et l'on entrait ou plutôt l'on descendait par une petite rampe ménagée devant la porte...... Bien que dix-huit siècles nous séparent de ces peuples, il est possible de voir encore aujourd'hui, sur notre sol, quelques traces de ces cabanes rondes que les Gaulois construisirent. Le bois, le chaume et l'argile ont sans doute disparu en peu de temps, mais les excavations circulaires subsistent encore en plusieurs endroits de la France. » (1)

M. Gaillard, dans un excellent travail sur les Mardelles, donne une autre raison de ces excavations creusées dans les bois. « Ces excavations, dit-il, n'auraient-elles pas eu pour principal motif un caractère défensif? De simples cabanes dans les bois, placées au niveau du terrain auraient exposé certainement, le jour comme la nuit, les habitants aux attaques des animaux. Souvent les vieillards, les femmes et les enfants y eussent été abandonnés sans défense. L'instinct de la conservation a sans aucun doute poussé les peuplades primitives à creuser des cavités. Une palissade ou une enceinte de pieux placée au pourtour pouvait encore en augmenter la sécurité. Les personnes étaient ainsi à l'abri de toute attaque immédiate. » (2)

Ces excavations étaient assez profondes, mais la plupart

(1) Bordier et Charton *op. cit.*—Cf. Ethnogénie gauloise du baron de Belloguet.— Mém. sur les Mardelles, par M. de La Villegille. — Mém. de la soc. des antiq. de France, vol. XVI.

(2) Congrès arch. de France. Sess. XL. P. 171.

sont comblées en partie par les terres des bords qui se sont écroulées et l'aire en a été encore exhaussée par les arbres et les plantes qui y poussent et dont les débris forment une espèce de terreau. Cependant la mardelle du Haut-Pichot, près de la ferme de M. Maillard-Géneau, et qui porte le nom de *fosse à Coliot*, a conservé une grande profondeur.

Il serait désirable de voir fouiller ces antiques excavations. Parmi les mardelles qui se trouvent dans la côte boisée dont nous avons parlé, plusieurs présentent encore la trace du feu; les pierres environnantes sont calcinées, la terre est noircie à une certaine profondeur et des cendres semblent mêlées aux pierres et à la terre. Sont-ce des foyers celtiques? Peut-être ces fouilles viendraient-elles éclaircir nos doutes et nous apporter de précieuses révélations sur les anciens habitants de notre sol.

En dehors de ces inductions nous n'avons rien de positif jusqu'au moment où les Romains, vainqueurs des Morins, s'établirent dans la province de Gésoriac. La domination romaine est comme un précieux jalon auquel chacun de nos villages peut rattacher son histoire primitive et son antique grandeur.

Philippe Luto, dans son manuscrit sur l'*Histoire de Boulogne*, reconnaît que les Romains ont séjourné à Halinghem. Il va même plus loin, et, s'appuyant sur une inscription dont nous parlerons dans un instant, il suppose que ce village portait alors le nom de *Doluca* ou *Dolucus* Aucun titre sérieux ne justifie cette assertion; toutefois nous devions la constater.

Voici le passage de l'historien Luto :

« Cette inscription nous donne lieu de croire que le village d'Halinghem se nommoit Doluca ou Dolucus du temps des Romains. Il est aisé de reconnoître que du mot de Doluca (la langue allemande ou teutonne, d'où est dérivée la flamande, ayant prévalu dans le Boulonnois depuis Charlemagne), on en a fait Alinghem, la lettre D n'y étant pas comme préposition, mais comme entrant dans la composition du mot. » (1)

Ce que nous venons de citer du manuscrit de Luto aurait singulièrement besoin de commentaires et d'explications, malheureusement l'auteur ne nous en donne pas ; aussi nous paraît-il bien difficile d'accepter sans contrôle des assertions aussi hasardées. Heureusement nous avons d'autres preuves du séjour des Romains sur notre territoire. On a trouvé dans les champs qui environnent Halinghem et Haut-Pichot, des stylets, des médailles à l'effigie de divers empereurs et de nombreux fragments de tuiles et de poterie rouge, blanche et noire.

Il y a quelques années, vers 1855, des ouvriers, en creusant un puits pour l'extraction de la marne, mirent à découvert un tombeau formé de pierres brutes reliées ensemble par des barres de fer parfaitement scellées. Ce tombeau renfermait, avec des cendres et des ossements humains, un grand vase en bronze, de forme basse, avec anses. D'autres vases, des sous-coupes et des lacrymatoires de verre d'un gracieux travail se trouvaient aussi dans ce tombeau. Malheureusement les ouvriers, ne connaissant pas l'importance de leur découverte, avaient frappé à

(1) *Op. cit.* ms. de la biblioth. de Boulogne.

coups de pioche pour faire sauter le couvercle de ce grossier sarcophage, et presque tous les objets furent détériorés.

En 1859, de concert avec M. Maillard, nous avons fait de nouvelles recherches au même endroit et nous avons pu recueillir encore, quoique brisées en partie, trois bouteilles, dont une en verre bleu ; les autres sont en verre jaune, de forme carrée, à long col et avec anse. De plus, trois sous-coupes de différentes grandeurs et les débris d'un grand vase à cannelures, avec couvercle, d'un verre vert très-foncé.

Deux ans plus tard, dans la même pièce de terre, appartenant à M. Levier, et qui se trouve entre Halinghem et Haut-Pichot, le soc de la charrue retournait une assiette en terre rouge parfaitement conservée. Tous les objets provenant du tombeau ainsi que l'assiette et différents débris se trouvent dans la belle collection de M. Maillard-Géneau, de Samer. On se dit bien bas, dans le pays, que des ouvriers ont aussi trouvé, à diverses époques, des objets précieux, mais nous n'avons pu constater le fait.

L'église d'Halinghem posséda longtemps un autre monument romain. « C'étoit, dit Luto, une grosse pierre presque brute, creusée et quarrée. Cette pierre, par l'ignorance des ecclésiastiques ou leur peu d'attention, sert depuis très-longtemps de baptistaire, et l'on y conserve l'eau sacrée du baptême, quoiqu'on trouve gravée sur l'une de ses faces une inscription antique qui marque qu'elle a été consacrée au Dieu Jupiter. »

Le grand blâme que le savant curé de St-Inglevert inflige aux bons curés d'autrefois, qui se servirent de ce monument romain comme cuve baptismale, amène involontairement le sourire sur les lèvres. D'autres y voyaient peut-être le triomphe du Christianisme sur le Paganisme. Quoi qu'il en soit, cet intéressant morceau d'antiquité appartient maintenant au musée de Boulogne, et se trouve près de la porte d'entrée au bas du grand escalier.

Les antiquaires ne sont pas d'accord sur l'explication à donner à l'inscription gravée sur une des faces de ce bloc de pierre. Le plus généralement, on croit que c'était un autel consacré à Jupiter Eidéen, dieu des récoltes, par Vitalis Priscus, curateur de la police du district de Gesoriac (1).

Henry, dans son *Essai sur l'arrondissement de Boulogne* s'exprime ainsi : « Cette opinion est d'autant plus fondée que, dans le langage celtique, *Eiden* ou *Eidéen*, signifie *blés* ; qu'il est très-possible que Jupiter Eidéen fût le dieu des récoltes ; que dans un moment de disette, les Romains peuvent avoir trouvé, dans ce canton, des ressources inopinées en vivres, et que, pour témoigner leur reconnaissance au dieu du pays, ils lui aient fait ériger le monument dont il s'agit. » (2).

Nous avons peine à reconnaître, dans la pierre dite d'Halinghem, un autel du paganisme ; nous sommes porté à croire, au contraire, nous appuyant sur l'opinion de Dom Grenier, que ce n'est qu'un sarcophage. Voici l'inscription

(1) Cf. Luto ms. cit. — Harbaville op. cit. T. II. P. 79. — Magaz. encyclop. V. VI° année n° 17, etc.

(2) *Ut supra*. P. 240.

qui s'y trouve grossièrement gravée. Nous avons eu soin de conserver la position de chaque lettre.

```
EIDEO IOVI
  VIC VS
 D OLVCENS
 C V  VITAL
 PR I SC
```

L'angle du bas de la pierre est brisé, ce qui rend le dernier mot incomplet. De plus, est-on certain de posséder toute l'inscription ? Un second bloc de pierre ne pouvait-il pas se trouver sous celui que nous connaissons ? Dom Grenier pense que ce tombeau « était plus haut et plus large autrefois » ; et il en donne pour raison que l'inscription n'est pas entière et qu'elle n'est pas intelligible telle qu'elle est (1).

Ce bloc carré, qui paraît avoir le grain de la pierre de Marquise, a 68 centimètres de largeur sur 55 centimètres de hauteur. L'intérieur est creusé au carré de 30 centimètres de profondeur sur 55 centimètres de largeur. Les lettres ont 8 centimètres de hauteur et les lignes sont espacées de 3 centimètres. Ce sarcophage est dans le même genre que celui trouvé au XVIIe siècle près du château de Course, dans le Boulonnais. Dom Grenier et tous les anti-

---

(1) Introd. à l'hist. génér. de Picardie. P. 236.

quaires l'ont regardé comme un tombeau, « d'autant plus qu'il renfermait une urne remplie de cendres. » (¹)

D'où vient ce tombeau ? Quel est ce *Vicus Dolucens* dont parle l'inscription ? nous ne savons. Déjà nous avons vu que Luto avait cru que c'était l'ancien nom d'Halinghem, mais dans un autre endroit de son ouvrage, il se demande si cette pierre ne vient pas de Frencq et si ce n'était pas l'ancien nom de ce village. Citons le passage en entier, il est intéressant pour l'histoire du pays.

« Je n'oublierai pas ici, dit-il, de remarquer qu'il y avoit du temps des Romains et peut-être même avant leur arrivée dans le Boulonnois, un temple célèbre au village de Frenc, dont on voyoit encore quelques débris dans le seizième siècle, mais dont on ne reconnoit plus aujourd'hui les moindres vestiges. On assure que ce temple étoit bâti dans un bois consacré au culte des faux dieux, ou dans un lieu environné d'arbres, qu'on nommoit pour cette raison *Lucus*, où les paysans et idolâtres de tous les cantons circonvoisins s'assembloient pour célébrer leurs mystères. Ce nom de *Lucus* me porteroit volontiers à croire que la pierre baptismale d'Alinghem, dont je viens de parler, est un monument antique de ce temple fameux qui se trouvoit dans ce même quartier, le terme ou mot *Lucus* se rapportant assez à celui de *Dolucens* ou *Dolucus* qu'on y voit gravé. C'étoit vraisemblablement l'ancien nom du village de Frenc qui ne composoit, sans doute, alors qu'un même lieu avec celui d'Alinghem. » (²)

(1) Ibid.

(2) Luto. Manuscrit cité ut supra.

Cette manière d'allier les deux opinions est peut-être très-ingénieuse, mais ne donne pas une grande force à la première assertion émise par notre vieil écrivain boulonnais. Il ignorait sans doute la position d'Halinghem qui se trouve à une distance de plus de quatre kilomètres de Frencq et ne pouvait, par conséquent, faire un même lieu avec ce village.

Henry donne une autre explication qui ne nous paraît pas plus heureuse. « Le village de Widehem, dit-il, contigu à celui d'Halinghem, pourrait bien avoir été l'endroit où ce dieu des récoltes (Jupiter Eidéen), aurait eu son bocage sacré et ses autels, car il y a bien de l'analogie entre Eidéen et Widehem. » (1)

Au milieu des obscurités de l'histoire, il ne nous est pas permis de trancher la question ; seulement, dans tous ces faits, nous trouvons une preuve du séjour des Romains sur notre territoire. Cela doit nous suffire.

Ce *Vicus Dolucens* serait-il l'ancien nom du Haut-Pichot, hameau d'Halinghem ? Rien ne le prouve et cependant la tradition populaire rapporte que dans les temps éloignés, cet humble hameau était une ville, que les Romains y séjournèrent et qu'ils y ont laissé la trace de leur passage dans un chemin vert (2) qui descendait sur Niembourg et reliait le plateau du Haut-Pichot avec le camp qui se trouvait près de Dannes et une autre voie

(1) Op. Cit. P. 240.

(2) Ce chemin existe encore, il porte le nom de *La Voirie*. Une autre tradition porte qu'il a été fait par les moines de Longvillers lorsqu'ils habitaient Niembourg: nous pencherions volontiers pour ce second sentiment.

romaine qui passait au-delà de Widehem et reliait Boulogne avec Quentovic.

Sans souscrire à aucune de ces assertions et tout en laissant le champ libre à la critique historique, nous sommes obligé de convenir que la position de ce hameau sur un des plateaux les plus élevés de la chaîne boulonnaise et le plan qui a présidé au percement de ses rues qui formaient un parallélogramme, avec sa *grande rue* et sa *rue verte*, dénominations qui existent encore, sont de nature à justifier quelques prétentions.

En effet, cette position qui domine la plaine et permettait de surveiller, d'un côté la mer, et de l'autre la voie romaine qui, en sortant de Lacres, descendait dans le Bas-Boulonnais vers Tingry, ne devait pas échapper à la prévoyance des Romains, si jaloux de maintenir leur puissance dans les Gaules. Tout porte donc à croire qu'ils établirent, en cet endroit, un de ces postes temporaires d'observations, dont ils avaient littéralement hérissé les sommets de nos collines ; ou bien encore une de ces vigies permanentes qui avaient pour but de contenir le pays, de transmettre des signaux et de protéger les convois et les voyageurs.

On montre au touriste des levées de terre dont on fait des enceintes militaires et des mottes qui, dans la pensée des habitants, représentent quelques souvenirs mal définis, sans doute, mais qui leur parlent de la vieille illustration de leur sol. L'historien doit respecter ces traditions populaires, même lorsque leur origine peut dater d'une erreur que propage le temps. La tradition n'a-t-elle pas été l'histoire avant que l'histoire fût écrite ?

Il était grand ce peuple qui traçait ainsi son histoire sur le sol, en caractères tellement ineffaçables qu'on retrouve les traces de son passage après tant de siècles.

A défaut d'autres monuments du paganisme dans notre contrée, rappelons la fête du *Bourdis* ou du *Behourdis*, que l'on trouve encore écrit *Behourdich* et *Bouhourdich*, et qui se célèbre le premier dimanche de carême. Cette fête n'était pas seulement particulière à Halinghem, elle était renommée dans beaucoup de villages du Boulonnais et de la Picardie (1). mais peu de localités l'ont conservée avec autant de ténacité.

Cette cérémonie consiste à aller dans la nuit, à travers les pâturages et les champs, avec de grandes perches à l'extrémité desquelles est attachée une torche de paille enflammée, afin de rendre les terres plus fertiles et les arbres plus productifs, les pommiers principalement (2).

Le savant bénédictin Dom Grenier nous apprend que cette fête rappelle la mémoire des peines que Cérès s'était données pour retrouver sa fille Proserpine que Pluton avait enlevée. Elle la chercha jour et nuit, et pour s'éclairer pendant la nuit, elle allumait un flambeau. De là, vient, nous dit notre érudit religieux, la fête *du Bourdis* ou *des Bourdis* (3).

(1) Dom Grenier nous apprend qu'au XIII° et au XIV° siècle cette fête avait octave et que l'on datait les actes dans nos contrées des jours qui la précédaient et la suivaient Op. Cit. P. 216.

(2) Deslions. Superstitions anciennes et modernes, t. 1, p. 63.

(3) Op. Cit. P. 211.

Le mot de *Behourdis* dont on a fait *Bourdis* par abré-
viation, viendrait, d'après Dom Grenier, qui s'appuie sur le
Glossaire de Dom Carpentier, des perches de bois qui
servaient à tenir la paille enflammée et qui portaient le
nom de *Behou.*

Il y a moins d'un siècle, on faisait encore à Halinghem,
le jour du *Bourdis*, des rondes et des danses dans les
prairies plantées de pommiers et les enfants répètent
encore le vieux chant d'alors :

> BOUR ! BOUR ! SAINT CHRISTOFLE,
> DES P'TITES ET DES GROSSES,
> DES CAFINIONS
> POUR CES GARÇONS,
> DES ROUGETTES
> POUR CES FILLETTES.

Les rondes et les danses sont supprimées, mais on n'est
pas encore parvenu à empêcher entièrement ces feux de
paille dans les pâturages. Malgré le danger que présente
cette coutume, au milieu d'habitations couvertes en
chaume, chaque année au premier dimanche de carême, on
voit encore quelques bons campagnards qui exécutent
très-sérieusement cette cérémonie, persuadés, qu'en laissant
de côté ce vieil usage, ils ne sauraient avoir une abon-
dante récolte de pommes.

III.

Introduction du christianisme à Halinghem. — Missionnaires au VIIᵉ siècle. — Tombeau saxon. — Ravages des Northmans. — Patronage de la cure reconnu aux abbés de Sᵗ-Josse. — Monastère à Niembourg.

Si des médailles, des poteries, des tombeaux viennent nous indiquer que le paganisme a passé et s'est installé sur notre territoire, tout nous dit aussi qu'un jour il en fut chassé par de saints missionnaires qui vinrent détruire le culte des idoles et établir le règne de Jésus-Christ. Excepté en notre temps malheureux qui semble vouloir admettre qu'on puisse vivre sans foi religieuse, il n'y eut jamais lacune, interruption de croyance : quand une religion tombait, elle était aussitôt remplacée par une autre.

Avant que les Francs régularisassent leur domination dans la Gaule Belgique, le christianisme y avait déjà jeté sa semence divine, par le sang des martyrs. Toutefois, malgré les travaux apostoliques des Fuscien, des Victoric, des Victrice et des Maxime, le Boulonnais était encore en grande partie payen et sa conversion ne date guère que de l'apostolat de St-Omer qui est regardé, à juste titre, comme l'apôtre principal des Morins. (¹)

Est-ce vers cette époque que les habitants d'Halinghem reçurent le bienfait du christianisme ? C'est là une question bien difficile à résoudre. Nous n'avons aucune donnée, aucun document ; nous ignorons même, d'une manière positive, quel était le peuple qui habitait notre territoire.

Si nous admettions l'hypothèse de Mariette-Bey qui, comme nous l'avons vu plus haut, croit que la presque totalité des villages du Boulonnais en *hem* et *ghem* ne pouvait remonter au-delà de l'année 804 et n'ont dû leur existence qu'à la translation des familles saxonnes ordonnée par Charlemagne, il serait inutile de se demander si St Omer ou quelqu'un de ses compagnons vint évangéliser les habitants de notre village. N'est-il pas probable, au contraire, qu'après le départ des Romains, les naturels du pays profitèrent des travaux exécutés par leurs vainqueurs et formèrent une première agglomération qui put être augmenté plus tard par les Saxons qui s'y arrêtèrent et donnèrent au pays le nom qu'il porte actuellement. S'il en est ainsi — et c'est ce que nous croyons, et ce qui paraît le plus logique, —la religion catholique a pu être connue dans notre pays avant la grande émigration saxonne.

Dans le commencement du VIIᵉ siècle, le plus grand zèle pour la propagation de l'Évangile animait les missionnaires qui se trouvaient dans la Morinie, sous la direction

---

(1) *Cf. Acta sanctorum Belgii*, t. III. — Malbrancq, *de Morinis*, lib. III, c. II.— *Act. S. S. Bened. sæc.* II, p. 560. n. 3-4-5.

de St Omer. Les auteurs qui ont écrit sur ce grand apôtre du Boulonnais, nous font connaître qu'il voyageait beaucoup, ainsi que St Mommolin, St Ébertrand et St Bertin, qui l'aidaient dans ses travaux apostoliques. Ils parcouraient constamment « les cantons de Thérouanne, du Boulonnais et des Ménapiens », évangélisaient les villes, les bourgs, les villas, les stations romaines, travaillaient sans cesse au laborieux enfantement des âmes à Jésus-Christ et convertissaient par leurs prédications et leurs miracles, les peuplades qui étaient encore ensevelies dans l'erreur (1).

Un des auteurs de la vie de St Omer nous fait connaître que ce saint évêque vint plusieurs fois dans le Haut-Boulonnais, à Doudeauville, peu distant d'Halinghem, pour visiter la tante de St Wulmer et qu'il y jeta les bases premières de la maison religieuse qui devait y fleurir plus tard. « Il parcourait, ajoute le même auteur, les forêts de la fosse boulonnaise, il gravissait les montagnes élevées, visitait les ports et les endroits maritimes, examinait tout par lui-même, se rendait compte de l'état réel de toutes les âmes confiées à sa sollicitude et accomplissait jusqu'à l'héroïsme les devoirs de la charge pastorale. » (2)

La prodigieuse activité de cet apôtre de la Morinie, ses travaux dans la contrée, la proximité des lieux où ses historiens le montrent travaillant au salut des âmes, tout ne semble-t-il pas concourir à nous laisser présumer que c'est vers cette époque que les habitants d'Halinghem connurent les bienfaits du christianisme.

(1) Marten. Thes. anecd., t. III, col. 445. — Jean d'Ipres, chron. Bertin.

(2) E. Van Drival. Legend. de la Morinie, p. 205. — Lequien, ms. sur Boulogne.

D'après de vieux recueils « *des cures, prébendes, béné-
fices et collateurs du diocèse de Boulogne.* » Saint Omer est
nommé comme premier patron de l'église d'Halinghem. Ne
serait-ce pas en souvenir des travaux apostoliques de cet
apôtre du Boulonnais dans notre contrée ? [1]

Il est une autre hypothèse qui nous conduit au même
résultat ; c'est-à-dire que si St Omer ne prêcha pas par
lui-même ou par ses compagnons l'Évangile à Halinghem,
ce fut cependant vers le même temps que les habitants de
ce village durent connaître la religion du Christ.

Dans ce VIIᵉ siècle, que Mabillon a salué du nom d'âge
d'or et que Baronius regarde comme le siècle des saints,
Halinghem était entouré de grands serviteurs de Dieu. St
Frieux se trouvait sur une des montagnes de Neufchâtel ;
St Condède, le missionnaire, sur le bord de la forêt
d'Hardelot ; St Wulmer et ses compagnons, à Samer ;
St Josse et ses religieux, non loin de la Canche [2]. Est-il
possible que ces hommes évangéliques, enflammés de
l'amour de leur Dieu, pleins d'ardeur pour le salut des
âmes, laissassent si près d'eux, sans l'évangéliser, une
population qui avait dû être entraînée, par les Romains,
au culte des fausses divinités ? Nous ne le croyons pas.

---

(1) Cf. Jules Lion. Diocèse de Boulogne. — De la Gorgue de Rosny. État ancien
du Boulonnais.

(2) L'abbaye de St-Bertin avait aussi à cette époque des biens près d'Halinghem,
comme on le voit dans une charte de Clotaire III qui confirme la convention faite
entre Mommelin, évêque de Noyon, et Bertin, abbé de Sithiu, et par laquelle ce saint
abbé cède à l'évêque la terre de Frencq qui faisait partie de la donation d'Adroalde.—
Ms. Bertl. — Folquinus in tabulis.

Aussi, sommes-nous persuadé que l'on ne peut pas nous accuser d'avancer une hypothèse hasardée, lorsque nous considérons le VIIe siècle comme l'époque où l'Évangile fut prêché à Halinghem.

De plus, il est un fait qu'il est bon de remarquer et qui peut avoir sa valeur, dans l'hypothèse que nous présentons; c'est que de temps immémorial l'abbaye de St-Wulmer-au-Bois préleva des dîmes sur le village d'Halinghem et que l'abbaye de St-Josse-sur-Mer, outre les dîmes, avait le droit de nomination à la cure, droit qui fut reconnu par les évêques de Thérouanne (1). Ces privilèges peuvent bien avoir eu, comme principe, les travaux apostoliques des disciples de St Josse et de St Wulmer dans notre village, pendant le VIIe siècle.

Lors de la démolition de l'ancienne église, près de la construction élevée au XIIIe siècle, nous avons trouvé, du côté sud, d'autres fondations très-épaisses, formées de silex noyés dans un ciment rose, rempli de débris de coquillages et d'une dureté très-grande. Contre ces murs se trouvaient trois caveaux assez grossièrement travaillés où les morts étaient couchés sur la face. Nul autre indice n'est venu nous dire ce qu'étaient ces murs. Étaient-ce les fondations d'un temple payen, ou d'un oratoire chrétien ? Avait-on installé le culte nouveau dans l'ancien temple voué aux idoles ? La croix était-elle venue purifier l'autel dressé en l'honneur des fausses divinités ? Au milieu des obscurités de notre histoire, il est impossible de rien décider, et ces vieux murs au ciment rose resteront, sans doute toujours, pour nous, comme une énigme inexpliquée.

---

(1) Nous parlerons plus loin de ces privilèges de l'abbaye de St-Josse-sur-Mer.

Au moment où Charlemagne força dix mille familles saxonnes à s'expatrier et à se répandre surtout en Flandre et dans la Morinie, les apôtres de la foi chrétienne durent redoubler de zèle pour appeler ces barbares à la religion du Christ. Mais alors les ouvriers ne manquaient pas pour travailler au salut des âmes ; les monastères de St-Wulmer et de St-Josse brillaient du plus vif éclat et leurs religieux évangélisaient avec ardeur ces races nouvelles qui venaient se mêler aux indigènes.

En dehors du nom que les Saxons donnèrent à notre pays, il nous reste peu de trace de leur passage. Seulement, il y a environ vingt-cinq ans, des ouvriers, en extrayant de la marne, entre Halinghem et Niembourg, découvrirent un tombeau dans lequel se trouvaient un squelette de haute taille, des armes rongées par la rouille et un gigantesque couteau, avec un tranchant d'un seul côté, disent les habitants. N'était-ce pas le *scramasaxe* ou couteau de guerre dont parlent nos vieux historiens et qui caractérise la race saxonne. Ces armes n'avaient pas de valeur, on les a brisées ou jetées à la ferraille, au lieu de les conserver.

« Il est fort rare, dit un archéologue des plus distingués du Boulonnais, que ces documents profitent à la science. Presque toujours la curiosité aveugle, ou la stupide indifférence des inventeurs se hâte de tout briser, de tout anéantir, avant qu'on ait eu le temps de demander à ces vieux morts s'ils n'avaient pas quelque chose à raconter aux vivants. » ([1])

(1) L'abbé D. Haigneré, Quatre cimetières mérovingiens. Mém. de la Soc. académ. de Boulogne.

Ce fut vers l'époque de l'arrivée des Saxons dans le Boulonnais que commença le défrichement des forêts immenses qui couvraient le pays. Les Romains avaient bien porté la cognée dans ces grands bois, mais ils avaient peu défriché la terre. Les moines de Samer mirent la main à l'œuvre, partagèrent le travail avec les serfs et montrèrent l'exemple à tous. Ces grandes portions de territoire, rendues à la culture, apportèrent bientôt l'aisance aux habitants de nos campagnes et les attachèrent au sol. Charlemagne fut si frappé des résultats obtenus, qu'il ordonna aux officiers préposés aux forêts royales de donner des portions de bois à défricher à tous ceux qui étaient aptes à le faire utilement (813). (¹)

Ces défrichements furent interrompus par les ravages de ces pirates des froides contrées du septentrion devenus si fameux dans l'histoire sous le nom de Northmans ou Normands, et ne furent repris dans notre contrée que vers la fin du xᵉ siècle (²).

Ces barbares faisaient depuis longtemps des courses incessantes sur les côtes de la Morinie ; mais après avoir vaincu le comte de Boulogne, Hernequin, à Wimille et en Ponthieu, entre la Canche et l'Authie (881), ils se répandirent dans le Boulonnais et mirent tout à feu et à

(1) Capit. C. M. art. 19. — Henry, dans son *Essai sur l'arrondissement de Boulogne*, dit, à la page 106 : « Ce ne fut que vers le milieu du VIIᵉ siècle que les Faron et les Wlmer commencèrent à former dans ce pays des établissements claustraux, dans lesquels des moines s'occupèrent à défricher la terre avec un zèle et une activité qui leur attirèrent le respect et la vénération des peuples. »

(2) Dom Grenier, op. cit. P. 72-73. — Henry, ut supra.

sang. Ils prirent Boulogne, ravagèrent Samer et les environs, brûlèrent les abbayes de St-Wulmer et de St-Erem-
berthe, de Wierre-au-Bois, et saccagèrent toute la
contrée. Halinghem ne fut pas plus épargné que les autres
villages environnants, et il dut se ressentir longtemps du
passage de ces barbares qui ruinèrent tout dans le Boulonnais (¹).

Un instant le roi de France, Louis III, les arrêta à la
bataille de Saucourt, en Ponthieu ; mais, comme le fait
remarquer l'historien du Boulonnais, ces peuples sans
nombre ne pouvaient mourir dans une bataille perdue, et
malgré la victoire du roi de France, le pays resta longtemps
encore la proie des vaincus (²). D'après quelques historiens,
ils ne se retirèrent du Boulonnais que vers 893.

Pendant ces invasions, qu'était devenu le sanctuaire où
les chrétiens se réunissaient pour prier ? Nous l'ignorons
S'il fut détruit, la forêt voisine permit de le relever
facilement. A cette époque beaucoup d'églises furent bâties
en bois dolés dont les intervalles étaient remplis par un
mélange d'argile grossièrement pétrie avec des herbes
sèches, et couvertes en chaume: la population était pauvre
et les abbayes décimatrices avaient été ravagées par les
barbares. Il faudra donc attendre au xIIIe siècle pour que
Halinghem voie s'élever un sanctuaire plus digne de Dieu.

En attendant cette époque, les moines de l'abbaye de
St-Josse veillaient toujours aux besoins religieux de la

(1) Luto, ms. cit. — Lequien, ms. cit.

(2) H. de Rosny, t. 1. p. 381.

population d'Halinghem. Toutefois, ce ne fut qu'au XIIe siècle que l'évêque de Thérouanne donna sa sanction à tout ce qui avait été.fait, et accorda à l'abbé de St-Josse le droit de nomination à la cure de cette paroisse. C'est-à-dire que la cure venant à vaquer, il présentait à l'évêque un titulaire de son choix, et le prélat lui donnait l'institution canonique. C'est ce que l'on appelait, au Moyen-Age, le droit de patronage ou de collation (¹).

L'auteur de la vie de St Josse nous apprend que Milon, évêque de Thérouanne, désirant montrer tout l'intérêt qu'il portait à l'abbaye de St-Josse-sur-Mer, donna en 1133, à l'abbé Pierre, premier du nom, ancien prieur de Bagnols, et qui dirigeait alors le monastère, les autels ou cures de plusieurs villages de son diocèse, parmi lesquels nous trouvons, dans le Boulonnais, Halinghem ainsi que Camiers et Rombly (²).

Une charte de l'abbaye de St-Josse (1134), qui mentionne l'autel d'Halinghem parmi les propriétés de ce riche monastère, écrit le nom de ce village *Havelinguehem*.

L'auteur de la vie de St Josse met *Heulinguehem,* d'autres écrivains mettent *Havelinghem* (³). Au moyen-âge, on retrouve souvent de ces changements dans les noms de nos villages. En effet, rien de plus commun que la contraction

___

(1) Au Moyen-Age, ce droit de patronage était une faveur accordée à ceux qui avaient fondé une église sur leurs terres et l'avaient dotée de revenus pris sur leurs biens, ou de dîmes auxquelles ils avaient droit comme propriétaires fonciers.

(2) L'abbé Robitaille. P. 73.

(3) Dans un acte notarié de 1722 nous avons encore trouvé Hallinguehem.

qui s'est opérée dans la forme de ces noms. De *Havelingue-hem* on a fait Halinghem, comme *Bavelingahem* est devenu Balinghem ; *Savingahem*, Sanghem ; *Harvedin-gahem*, Hardinghem et grand nombres d'autres.

Au moment où l'évêque de Thérouanne donnait à l'abbé de St-Josse le patronage de la cure d'Halinghem, des moines bénédictins vinrent établir un monastère sur son territoire à l'endroit qui porte actuellement le nom de Niembourg.

Nous ignorons quelle est l'étymologie de ce nom, seulement il est bon de remarquer que dans une bulle d'Innocent III, relative aux possessions de Notre-Dame de Boulogne et datée de 1208, la basse-ville de Boulogne est appelée *Niemburc*. Il en est qui ont lu *Memburc* et qui ont voulu interpréter ce terme par *Menu-Bourg*. Sans souscrire à cette interprétation, nous n'avons pu nous empêcher d'être frappé de cette curieuse coïncidence.

Quoi qu'il en soit de cette étymologie, le peuple, qui n'oublie rien, a conservé le souvenir de la création d'un monastère dans cet endroit, et Alexandre du Wicquet s'est fait l'écho de cette tradition populaire, dans son *tableau descriptif et statistique du canton de Samer* (¹).

Mahault, comtesse de Boulogne, paraît être la fondatrice de ce monastère. Heureuse de suivre l'exemple de ses ancêtres, elle voulait travailler au salut, à la civilisation et au bien-être de ses vassaux. La mission de l'Église, au Moyen-Age, n'était-elle pas de prêter son autorité morale à la cause des humbles, et d'opposer sa force surnaturelle

(1) Manuscrit de la bibl. de Boulogne.

aux abus de cette force matérielle qui menaçait de tout envahir. Aussi voyait-on les populations venir se grouper autour des abbayes, où elles trouvaient un soutien contre les exactions des seigneurs, un labeur pour les bras vigoureux et l'aumône pour les malades, les vieillards et les orphelins. C'était une heureuse fortune pour le serf d'appartenir à quelque terre ecclésiastique, et ce fut là, sans doute, l'origine du hameau de Niembourg.

La noble épouse d'Étienne de Blois s'occupa de cette fondation avant l'élévation de son mari sur le trône d'Angleterre. De grandes propriétés sur Niembourg et sur Haut-Pichot avaient été données au nouveau monastère ; malheureusement, pour des causes que nous ignorons, ces religieux ne restèrent que fort peu d'années à Niembourg et allèrent s'établir dans la belle et magnifique position de Longvillers (26 mars 1135).

Les historiens du Boulonnais ne parlent pas du séjour des moines de Longvillers à Niembourg. Ce premier essai ne fut pas, sans doute, assez important, et son existence fut de trop courte durée pour attirer leur attention. Toutefois, M. de Rosny, d'accord avec le P. Lequien, pour placer la fondation de l'abbaye de Longvillers après la proclamation d'Étienne de Blois et de Mahault au trône d'Angleterre, avoue que cette princesse s'était occupée de cette fondation pieuse quelque temps avant de quitter le Boulonnais (1).

De plus, on désigne généralement pour premier abbé de Longvillers, un moine du nom de Guillaume qui y fut envoyé par St Bernard à la tête de quelques religieux de

(1) Hist. du Boulonnais, t. II p. 38. — Lequien, ms. cit.

Citeaux (¹); et cependant le *Gallia Christiana* qui est une autorité dans cette matière, donne pour premier abbé le moine Folbert, tandis que Guillaume dont parle le P. Lequien et qui est cité dans la lettre de St Bernard à la comtesse Mahault, n'arrive qu'en second lieu (²). Ce désaccord entre les divers auteurs qui ont écrit sur l'origine de cette abbaye, n'est peut-être qu'apparent ; car Guillaume pouvait être le premier abbé résidant à Longvillers, Folbert n'ayant dirigé le monastère qu'à Niembourg, lors de la fondation première.

Les moines de Longvillers conservèrent les biens qu'ils possédaient sur le territoire actuel d'Halinghem ; ils continuèrent même, malgré leur départ, de s'occuper des intérêts religieux des habitants de Niembourg et de Haut-Pichot et les annexèrent à « *leur paroisse de Longvillers.* » Cet état de choses qui paraît assez extraordinaire à cause de la grande distance qui sépare ces deux hameaux du village de Longvillers, souleva de nombreuses difficultés qui ne furent tranchées qu'au XVIII° siècle, comme nous le verrons dans la suite. Jusqu'à la Révolution de 1789, l'abbaye de Longvillers préleva des dîmes sur le pays et l'abbé porta le titre de seigneur de Niembourg et de Haut-Pichot.

Il reste peu de traces du séjour de ces religieux à Niembourg. De leur ancien couvent, ils firent une ferme qui est encore l'exploitation la plus considérable de la commune

---

(1) *S. Bernardi, epist. 344, apud Lequien, ms. cit.*

(2) *Gall. Christ. t. X. col. 1010.*

d'Halinghem. Le propriétaire actuel, M. Dumoulin, a retrouvé dans les jardins de grandes pierres tuffeuses, taillées de main d'homme, dont on ne saurait indiquer au juste la destination, et de nombreuses fondations qui prouvent l'importance des constructions que les moines y établirent. Un sentier reliait la ferme avec l'abbaye de Longvillers ; il existait encore à la fin du siècle dernier et portait le nom de *Sentier des Moines.*

IV.

Construction d'une église à Halinghem au XIIIe siècle. — Sa description. — Passages d'armées françaises et anglaises. — Annexion à la cure de Frencq. — Ravages des Impériaux. — Réformés et Ligueurs à Halinghem.

L'antique église d'Halinghem fut renversée au XIIIe siècle par cette ferveur monumentale, par ce zèle de la maison de Dieu qui dévorait nos pères. Bientôt elle reparut plus gracieuse ; alors que le sol de notre patrie se couvrait de si nombreuses et riches églises, et que la matière affranchie, spiritualisée et comme armée d'ailes puissantes, s'élançant vers le ciel, étalait avec complaisance la blanche et somptueuse robe de la fiancée du Christ.

Nous avons vu les vénérables restes de l'église qui fut bâtie à cette époque. D'après la forme de ses ogives, le profil de ses moulures, l'agencement de son ornementation, il était facile de reconnaître le caractère de la fin du XIIIe siècle. Ce monument n'avait rien de bien magnifique et de bien grandiose. Cependant on y reconnaissait le cachet religieux que les architectes du Moyen-Age savaient donner même aux plus modestes églises. Que pouvait-on espérer dans une petite bourgade, pauvre et perdue dans les bois ? Encore est-ce, sans doute, la possession monastique de cette cure qui explique la beauté relative du chœur ?

Les décimateurs, selon l'usage de ce temps, n'élevèrent que cette partie de l'église, mais ils la firent assez spacieuse pour contenir un certain nombre de fidèles. Ce chœur se terminait par une abside triangulaire et était éclairé par cinq fenêtres, petites, basses, sans meneaux, mais laissant apparaître, au-dessous de l'ogive, le lobe supérieur d'un trèfle dont les côtés s'harmonisaient avec les moulures de la fenêtre. Une seule de ces ouvertures était restée intacte, les autres avaient été brisées et restaurées de la façon la plus déplorable.

Un berceau ogival en bois régnait dans toute la longueur du chœur et il était agencé de façon à ne pas laisser apercevoir la charpente quoiqu'il entrât dans une partie de la toiture. Les têtes des poutres étaient ornées de figures grimaçantes, véritable répertoire de démonologie. Il aurait été intéressant de conserver ces sculptures rustiques et quelque peu grossières, mais lors de la démolition de l'église, lorsqu'on y porta la main, elles tombèrent en poussière.

Une porte était percée du côté du midi, près de la nef, et servait d'entrée aux hommes. L'usage antique de la séparation des sexes s'est conservé dans les églises du Boulonnais. A Halinghem la nef était réservée aux femmes, tandis que les hommes se plaçaient dans le chœur, entre le sanctuaire et l'arc triomphal.

Derrière d'ignobles boiseries du xviii° siècle, nous avons trouvé un autel formé d'un bloc de maçonnerie, en pierres blanches, supportant une table en pierre de Marquise. On pouvait encore apercevoir les croix de consécration, quoique la table fût brisée en plusieurs morceaux. Un de nos vieux évêques de Thérouanne, dans une tournée pastorale, avait, sans doute, consacré cet autel que les Anglais ou les Huguenots profanèrent; le tombeau était vide, les reliques avaient disparu. Près de cet autel se trouvait une piscine trifoliée, très-simple, mais d'une grande pureté de style.

Au-dessus de l'arc triomphal qui séparait le chœur de la nef, on avait construit un campanille, ou mieux, un mur percé d'un trou, où l'on suspendait la cloche qui appelait les fidèles aux saints offices. Le clocher ne fut transporté au grand portail que quelques siècles plus tard. Le malheur des temps et peut-être la pauvreté des habitants ne permit pas d'élever la nef en même temps que le chœur : du moins, ce que nous avons vu, n'avait rien conservé du caractère de cette époque. Toutefois, dans certaines parties du soubassement, on avait allié le grès et le silex en forme de damier, mélange heureux, plein de goût et de caractère. Nous retrouvons ce même arrangement dans l'église de Widehem, annexe actuelle de la cure d'Halinghem, ce qui nous porte à croire que cette partie de l'église a pu être construite dans le courant du xiv° siècle.

Quels furent les prêtres qui desservirent l'église d'Ha-

linghem pendant le Moyen-Age ? Nous l'ignorons. Seule-
ment, au xie et xiie siècle, les églises données aux abbayes
étaient desservies par des religieux : un moine adminis-
trait les sacrements et possédait le titre de Curé, tandis
que les dîmes et les revenus entraient dans le trésor du
monastère. Quand les conciles obligèrent les réguliers à
rentrer dans leurs cloîtres et à céder la place aux séculiers,
il fallut que l'abbaye décimatrice cédât, au titulaire
qu'elle installait dans la cure, une partie des dîmes du
bénéfice. C'est ce que fit l'abbé de Saint-Josse.

Plus tard les décimateurs louèrent la moitié des dîmes,
à condition de payer la cotisation des pauvres et la visite
de l'archidiacre ; de faire les grosses et menues réparations
du chœur et chancel de l'église ; d'entretenir les vases
sacrés, les ornements, les linges et les livres de chant.
Telles étaient, du reste, les clauses ordinaires qu'on trouve
dans tous les baux des dîmes des abbayes.

Halinghem, qui avait été ravagé par les Northmans,
eut encore à souffrir, pendant le Moyen-Age, du passage
d'armées françaises et anglaises. Le voisinage du château
et donjon de Tingry, au lieu de lui être un secours et une
protection, fut, pour les habitants de ce village, une cause
de nouveaux désastres. Ce château-fort n'était guère
accessible que du côté d'Halinghem, et toutes les troupes
qui vinrent en faire le siége campèrent sur notre territoire.
A cette triste époque, où les hauts barons et les chefs
militaires se croyaient tout permis, amis et ennemis
étaient autant à craindre pour les paisibles habitants des
campagnes, et le passage des bandes armées apportait
presque toujours la ruine du pays tout entier.

Au commencement du XIVᵉ siècle, vers 1318, Jehan de Fiennes, seigneur de Tingry, ayant pris part à une ligue contre Mathilde, comtesse d'Artois, attira les partisans de cette princesse dans notre contrée; ils attaquèrent le château de Tingry, s'en emparèrent et firent prisonnier le noble châtelain (¹). Quelques années plus tard, ce seigneur turbulent et toujours mécontent suivit le parti du comte de Flandre, alors en guerre avec le roi de France. Philippe-le-Long le fit sommer de se rallier à la cause royale. Un instant Jehan de Fiennes parut décidé à se soumettre et il s'engagea à se rendre à Montreuil, afin d'y avoir une entrevue avec le connétable de France, Gaucher de Châtillon. Là, il promit tout ce que l'on voulut et aussitôt recommença ses sourdes menées. Alors le Connétable, irrité, marcha avec les troupes royales contre ce sujet rebelle, campa sur le territoire d'Halinghem et mit le siége devant le château de Tingry. Malgré la défense désespérée des assiégés, le vieux donjon fut pris, après huit jours de combats et détruit de fond en comble (1320). (²)

La destruction du château-fort de leur trop puissant voisin laissa espérer aux habitants d'Halinghem un peu de repos et de tranquillité; mais les Anglais recommençaient leurs courses dans le Boulonnais, il fallut donc, plus que jamais, fortifier le pays, et le château de Tingry ne tarda pas à se relever de ses ruines.

(1) Dom Ducrocq, ms. sur le Boulonnais, *ap.* L. Cousin, notice sur le château de Tingry, p. 10.

(2) Lequien, ms. *ap.* L. Cousin, *ut supra.*

La fatale journée de Crécy (25 août 1346), où, comme
le dit Froissart : « le royaume fut moult affoibli d'honneur, de puissance et de conseil, » mit entre les mains
d'Édouard III, roi d'Angleterre, le comté de Boulogne.
Après avoir brûlé Étaples et l'abbaye de St-Josse, l'armée
anglaise se répandit dans le Boulonnais ; Neufchâtel,
Samer, et les villages environnants furent ravagés. Tous
les historiens nous rapportent que les déprédations com-
mises par les Anglais furent affreuses. On ne rencontrait
dans cette partie du Boulonnais que désolations et ruines :
« tout fut ars, robé, gâté et pillé sans pitié. » (1)

Après le traité de Brétigny, il y eut un moment de
calme qui fit cesser « tant d'angoisses et de doleurs que le
monde souffroit. » L'état de notre pays était déplorable.
Ravagé par la guerre, appauvri par les exactions et les
déprédations des ennemis, Halinghem ne devait guère
être d'un grand rapport pour l'abbaye de St-Josse, et dès
lors il devenait presque impossible aux décimateurs de
conserver un titulaire à cette cure. Ce fut, croyons-nous,
la raison déterminante d'un arrangement ou d'un échange
entre l'abbé de St-Josse et les moines de St-Wulmer de
Samer. L'abbaye décimatrice, ruinée par la guerre, céda
son droit de patronage et Halinghem fut annexé à la
paroisse de Frencq. Ce qui nous porte à croire que cet
arrangement a pu avoir lieu avec l'abbaye de St-Wulmer,
c'est que la cure de Frencq étant à la nomination des
religieux de St-Wulmer, de Samer, l'union d'Halinghem à

<hr>

(1) Cf. Dubut son, Hist. du Boul. ms. de la biblioth. de Boulogne.—D'Hautefeuille
et Bénard, Hist. de Boulogne, t. 1.

cette dernière paroisse ne pouvait soulever de difficultés (1).
Nous ne saurions expliquer autrement la dépossession du
titre curial d'Halinghem et son annexion à la cure de
Frencq.

Vers cette époque nous trouvons comme seigneur d'Halinghem, Guy de La Pierre, qui épousa, vers 1350, la fille de
Jehan Sr de Bournonville et de Mahaut de Fiennes (2).

Les Anglais n'avaient pas abandonné leur projet de
s'emparer du Boulonnais. Ils recommencèrent la lutte, se
répandirent de nouveau dans nos villages, semèrent partout la ruine et brûlèrent notamment Samer (1412).
Pendant ce temps, l'évêque de Thérouanne, Louis de
Luxembourg, qui avait la jouissance viagère de la châtel-
lenie de Tingry, ayant embrassé le parti du roi d'Angleterre, fut cause de l'apparition de nouvelles troupes sur
notre territoire. Le duc de Bourgogne, pour le punir
d'avoir abandonné le roi de France, s'empara du château
et domaine de Tingry (3).

D'autre part, des bandes nombreuses de gens d'armes
français, pour se venger de la prise de Saint-Valery par le
comte de St-Pol, frère de l'évêque de Thérouanne, et comme lui tourné à l'ennemi, ravagèrent le Ponthieu et le Haut-
Boulonnais (1433).

---

(1) Nous avons déjà vu que l'abbaye de Samer prélevait des dîmes sur Halinghem.
—M. de la Gorgue-Rosny dans ses *recherches généalogiques* nous apprend que « les
hoirs Guillaume d'Alemghen avaient un fief tenu de M. de Samer en 1477. »

(2) De la Gorgue-Rosny, *L'État ancien du Boulonnais*, p. 74. — Id. Recherches
généalogiques.

(3) Arch. municip. *ap.* L. Cousin, *op. cit.* p. 13.

Une de ces bandes, commandée par les deux Blanchefort et Ponthou-le-Bourguignon, s'abattit sur le pays, entre Étaples, Samer et Desvres. Ces chefs militaires mirent tous les villages à contribution, s'indemnisant sur les habitants des frais de la campagne et leur enlevant « force chevaux et austres bestiaux dont ils avoient besoin. » A leur retour ils pillèrent Frencq et mirent le feu à Étaples ; ce qui faisait dire aux pauvres campagnards que les exactions des gens du roi de France ruinaient jusqu'à « l'égal des pille-ryes et robberyes des ennemis ([1]).

Dans toutes ces circonstances malheureuses, les habitants de nos campagnes ne se laissaient cependant pas toujours rançonner sans se défendre. Il y eut parfois des rencontres où les hommes d'armes de l'armée anglaise n'eurent pas le dessus. Halinghem fut le théâtre de quelques-unes de ces luttes, et la tradition populaire en a conservé le souvenir : Une bande de soudarts anglais avait campé dans un champ situé à Haut-Pichot ; on vint les y attaquer et ils furent obligés de se retirer après un combat acharné. Cette pièce de terre a conservé jusqu'à nos jours le nom de *Pays reconquis*. Non loin de Haut-Pichot, près du hameau des *Berqueries*, se trouve aussi un champ qui porte encore le nom de *Courtil-aux-Anglais*. La tradition rapporte qu'une rencontre sanglante eut lieu dans cet endroit et que les Anglais, obligés de fuir, laissèrent sur le terrain un grand nombre des leurs qui furent enterrés dans cet endroit. Qu'étaient ces petits avantages auprès des désastres qui affligeaient toute la contrée ?

---

(1) Monstrelet. — De Rosny, *op. cit.* t. II, p. 472-3.

Lorsque Henri VIII fut monté sur le trône d'Angleterre et qu'il eut fait alliance avec Charles-Quint, la position du Boulonnais devint bien plus critique encore. Les Impériaux, maîtres de la Picardie, se jetèrent sur le Haut-Boulonnais (1543), tandis que les Anglais continuaient leurs courses dans le « plat pays » et s'emparaient de Boulogne (1544). Il n'y avait partout que des ruines. L'appauvrissement du pays était tel, nous apprend l'*Histoire de Boulogne*, qu'on ne trouvait plus de quoi se nourrir; les laboureurs n'ensemençaient plus des terres qui étaient sans cesse ravagées par l'ennemi (1).

Halinghem vit enfin, avec le plus vif enthousiasme, s'organiser une armée française dans ses environs. Henri II venait de succéder à François Ier, et, dans son désir de chasser les Anglais du Boulonnais, il réunissait une armée au pied de la côte du Haut-Pichot, vers le village de Neufchâtel. Le Roi y campa lui-même le 19 août 1549, entra de suite en campagne, battit l'ennemi en diverses rencontres, et par un traité signé le 24 mars 1550, rentra en possession de Boulogne et d'une grande partie du Boulonnais.

Le calme renaissant, les habitants de nos campagnes reprirent leurs travaux. « Ce n'est pas à dire cependant, nous apprend l'*Histoire de Boulogne*, que par suite de l'évacuation du Boulonnais, après le traité de Capécure, les arrivages de denrées fussent devenus plus faciles et les relations avec les villages plus sûres et plus avantageuses. Bien au contraire, des bandes indisciplinées harcelaient

(1) *Op. cit.*, t. 1, p. 191.

souvent les paysans; « des chefz de guerre et des souldartz » ne se faisaient même pas faute de prendre ou de faire prendre dans les campagnes les « bledz, grains, foings et fourraiges » qu'ils trouvaient chez les laboureurs ou sur leurs terres. Le gouverneur de Boulogne dut, en ces circonstances, recourir aux « inhibitions » les plus expresses et frapper les infracteurs de peines très-sévères (1).

Ce calme relatif ne dura pas longtemps. Après les Anglais et les Impériaux, le Boulonnais vit encore Huguenots, Royalistes et Ligueurs en armes sur son territoire. Les Réformés, certains de l'appui du baron de Morvilliers, gouverneur de Boulogne, professaient ouvertement la religion nouvelle. Bientôt même les plus grands désordres eurent lieu dans tout le pays. Les troupes qui y séjournaient, ainsi que les gens de guerre « passantz et rapassantz par le païs de Boullenois pour le service du Roy » étaient pour la plupart infectés des nouvelles doctrines et donnaient par là même une grande force aux novateurs. De plus, dans le cahier des doléances du clergé pour l'assemblée des états d'Orléans (1560), nous voyons que les prédicants parcouraient les campagnes du Haut et du Bas Boulonnais, prêchaient partout le nouvel évangile et cherchaient à soulever le peuple contre le clergé catholique (2).

Des désordres graves eurent lieu à Samer et dans les villages environnants, et l'on fut obligé de publier défense de porter « des armes prohibées, mesmes cuyrases, harque-

(1) Ibid. t. 1, p. 286.

(2) Arch. de l'anc. sénéch. Reg. du Roy, n° 2.

buzes, pistoletz. » Les contrevenants devaient être « arres-
tez avecq lesd. armes et chevalx, mis en justice pour estre
punis. » (1). Tout fut inutile, la position s'aggravait chaque
jour de plus en plus. Un temple de la nouvelle religion était
établi sur le territoire de Nesles, au château de *La Haye*,
situé à peu de distance du Haut-Pichot, et un autre au
château de *Niembrune*, près de Tingry. De là, les prédicants allaient prêcher dans les villages environnants. Halinghem, qui n'avait plus de pasteur depuis qu'il avait été
annexé à la cure de Frencq, devait être plus exposé que
le autres : aussi les Réformés firent-ils un certain nombre
de prosélytes à Halinghem et à Haut-Pichot, tandis que le
reste des habitants se jetait dans le parti de la Ligue (2).

La plupart de nos villages boulonnais s'étaient unis à ce
grand mouvement populaire, et les habitants d'Halinghem
versèrent plus d'une fois leur sang dans des rencontres
avec les Huguenots. A l'exemple des seigneurs du château
de Tingry, ils voulaient défendre leur foi, lutter pour les
intérêts de la religion, le salut des âmes et la gloire de
Dieu. La garnison de la forteresse de Tingry, renforcée
par les campagnards des environs, faisait souvent des sor-
ties contre les bandes armées qui ravageaient le pays, et
l'on montre encore à Niembrune, non loin du château
seigneurial, un champ qui a conservé le nom de « *Cimetière des Huguenots.* » Ces différents combats amenèrent
des représailles, et le château de Tingry fut pris et repris

(1) Février 1561. Arch. cit. Reg. du Roy. n° 3.

(2) Cf. Regist. des églises réformées. Arch. du palais-de-justice de Boulogne.

plusieurs fois par les Royalistes et les Ligueurs (¹). Mais
chaque fois des désastres nouveaux venaient encore augmenter la misère et la ruine des campagnards, « manans
et vilains, » comme on disait alors, qui, comme ceux d'Halinghem, se trouvaient sur le passage des vainqueurs et des
vaincus.

Lors de la convocation à Boulogne de l'assemblée des
Trois-États du Boulonnais pour nommer des députés aux
États-Généraux du royaume (1ᵉʳ août 1588), Halinghem,
de concert avec beaucoup de villages environnants, refusa
de se faire représenter et l'on « donna deffault » contre
lui, ainsi que contre les habitants de Condette, Neufchâtel, Nesles, Verlincthun, Lacres, Tingry, etc. (²). On crai-
gnait les menées des Huguenots et les moyens violents dont
se servait le sieur du Bernet, gouverneur de Boulogne
pour le duc d'Épernon, contre tous ceux qui appartenaient
à la Ligue. (³)

Nous avons la preuve de cet état de choses dans une
lettre de Henri III au sieur Chinot, lieutenant-général à
la sénéchaussée du Boulonnais (26 août 1588). Il y est dit:
« La ville de Boullogne n'est maintenant en tel estat que
» l'on y peust librement aller n'y dillibérer sur l'élection
» des depputez de l'estat de l'église, de la noblesse et du
» tiers-estat...... D'aultant que nous sommes advertiz que

(1) Cf. Dubuisson. Ms. cit. — L. Cousin, op. cit.—Et Notre ouvrage, Les Huguenots et la Ligue au diocèse de Boulogne.

(2) Procès-verbal, Ms. — Journal de la Ligue, Ms.

(3) Procès-verbal, Ms.—Journal de la Ligue, Ms.

» contre notre intention, il c'est tenu à Boullogne une as-
» semblée à laquelle du Bernet a assisté et où il y avoit
» peu de personnes. Nous voullons bien tesmoigner par
» nos lettres que nous ne pouvons aulcunement approuver
» la dicte assemblée, laquelle nous tenons pour nulle et
» pour ceste cause, permettons une aultre estre tenue à
» Estaples............ etc. (1).

Dans l'assemblée tenue dans cette dernière ville, Halinghem et les villages environnants envoyèrent leurs représentants et l'on nomma de nouveaux députés, dévoués au
parti de la Sainte-Union. Ce furent Claude-André Dormy,
évêque de Boulogne, Louis de Monchy et Thomas du Wicquet, seigneur de Dringhem.

L'effervescence fut portée à son comble, quand, après
l'assassinat des princes de la maison de Lorraine, on vit le
Roi de France se jeter dans les bras des ennemis de la religion. Le décret de la Sorbonne, qui déliait tous les Français « du serment de fidélité et obéissance presté au Roy
Henri, » fut publié dans l'église d'Halinghem, de même
que dans tous les villages du Boulonnais par l'ordre du
sieur de Rambures, un des chef de la Ligue dans notre
pays (1589), et l'on défendit de prier dans nos églises pour
« le tyran qui avoit violé la foy publique, au notoire préjudice de la saincte foy catholique, romaine et de l'assemblée
des estats du royaulme. » (2)

Le pays tout entier resta en armes et lutta jusqu'à ce

(1) Arch. de l'anc. sénéchaussée. Reg. du Roy. N° 5.

(2) Cf. Dubuisson, Ms. — Journal du siége, Ms. — L'abbé F.-A. Lefebvre, op. cit.

que Henri IV, qui devait succéder à Henri III, mort sans enfant, eût abjuré le protestantisme. Alors le Souverain Pontife, Clément VIII, leva l'excommunication qui pesait sur le Béarnais; et la Ligue n'ayant plus d'objet, nos villages se soumirent et reconnurent Henri de Navarre pour leur légitime souverain. En succombant, la Ligue avait du moins sauvé l'essentiel : elle avait forcé le nouveau Roi à garantir la religion de la patrie.

V.

Halinghem fait partie du diocèse de Boulogne. — Situation de Niembourg et du Haut-Pichot. — Église en ruines. — Château d'Halinghem. — Restauration de l'église. — Participation à la guerre de Lustucru. — Ministres de l'église réformée à Halinghem et à Haut-Pichot.

———

Pendant que le Boulonnais était ensanglanté par ces luttes acharnées et terribles, un fait important avait eu lieu: Thérouanne avait été détruit par Charles-Quint. Dès lors, le roi de France Henri II conçut le dessein de transporter le siége épiscopal de cette ville dans la cité de Boulogne, mais il attendait pour réaliser son projet qu'un traité avec l'Espagne vînt donner une démarcation précise du territoire laissé à la France. Ce traité eut lieu à Cateau-Cambrésis, le 3 avril 1559.

On y décida que l'on ferait deux évéchés, l'un pour la France, « soit à Boullogne ou ailleurs, où bon semblera au roy très-chestien, » dit le traité, l'autre pour le roi

d'Espagne, « à St-Omer ou aultre ville et païs du roy catholique qui lui semblera aussy. » Toutefois, ce ne fut que
sous le règne de Charles IX que le Pape, Saint Pie V, ratifia
ce qui avait été fait, et érigea le diocèse de Boulogne par
bulle du 3 mars 1566.

La création de ce nouvel évêché devait amener des re-
maniements dans les circonscriptions des doyennés, et
Halinghem put espérer être attaché au doyenné de Samer
de nouvelle création, et alors redevenir paroisse en s'annexant Niembourg et Haut-Pichot. Malheureusement rien
ne fut changé dans sa position, et il lui faudra encore attendre plus de deux siècles avant de voir toutes ses espérances se réaliser. Notre village resta annexé à Frencq,
tandis que Camiers et Le Faux, qui étaient beaucoup plus
éloignés de Samer qu'Halinghem, furent rattachés à ce
doyenné.

Niembourg et Haut-Pichot continuèrent de faire partie
de la « paroisse de l'abbaye de Longvillers. » Seulement
ces deux hameaux étaient administrés « par forme de des-
serte » par le curé de Frencq, « à la prière de l'abbé et des
religieux de Longvillers. » L'abbaye payait un honoraire
au curé de Frencq pour les services curiaux qu'il rendait à
cette population. Mais, — fait assez étrange, — pour conserver leurs droits et priviléges, les moines exigeaient que
les habitants de Niembourg et du Haut-Pichot vins-
sent, tous les quatre ou cinq ans, en leur église abbatiale,
pour faire leur confession annuelle et recevoir la communion pascale (1).

(1) Reg. aux insinuations ecclésiastiques du diocèse de Boulogne.

Cette séparation de Niembourg et du Haut-Pichot d'avec le village principal ne pouvait laisser espérer aux habitants d'Halinghem de posséder un curé. La population était trop peu nombreuse, et de plus trop pauvre pour pouvoir subvenir à l'entretien d'un ecclésiastique : à peine pouvait-elle réparer les ruines que la guerre avait laissées sur le sol.

L'église avait grandement souffert, et la plus grande partie des murs de la nef étaient tombés. Était-ce la conséquence des ravages des Anglais ou des Réformés ? Nous ne saurions le dire d'une manière positive. Les manuscrits qui traitent de l'histoire du Boulonnais et les archives de la commune ne nous donnent là-dessus aucun renseignement. Seulement, lors de la démolition de l'église au XIXe siècle, nous avons trouvé, sur un des murs de la nef, une date, et dans les décombres quelques pièces de monnaie. Ce sont là deux preuves matérielles que nous ne devons pas négliger, et qui peuvent, en l'absence d'autres documents, nous éclairer et nous laisser présumer que les dégâts de l'édifice, commencés sous la domination anglaise, ne firent que s'aggraver pendant les guerres de religion.

Parmi ces pièces de monnaie, se trouvaient un blanc de Charles V, frappé dans la province viennoise, et un denier tournois frappé sous la domination anglaise [1]. La date, qui était gravée sur une pierre blanche bien taillée au carré, n'était malheureusement pas complète. La pierre était brisée en partie, mais ce qui restait a pu suffire pour nous

---

[1] Ces pièces se trouvent dans la belle collection de médailles de M. Maillard-Géneau, à Samer.

apprendre que la reconstruction de la nef eut lieu au XVII⁰ siècle, puisque les deux premiers chiffres donnaient la date de 16... N'était-ce pas le moment 'où, dans tout le Boulonnais, on travaillait à réparer les ruines que l'invasion anglaise et la guerre entre les Huguenots et les Ligueurs avaient accumulées sur notre sol ?

Ce qui nous porte à penser que ce fut à l'époque de toutes ces guerres que l'église fut saccagée et ruinée, c'est qu'elle se trouvait dans le voisinage du château-fort d'Halinghem, et comme sous sa protection. Il y avait à peine une portée d'arquebuse entre les deux édifices. Anglais, Royalistes, Huguenots ou Ligueurs durent s'emparer de ce château. Sans même lui accorder une grande importance, ils ne pouvaient, en attaquant le château de Tingry, le laisser sur leurs derrières. L'église put donc, dans bien des circonstances, servir de refuge ou de citadelle, soit aux habitants, soit aux assiégeants, et dès lors son état de délabrement et ses ruines s'expliquent facilement.

L'histoire ne nous parle pas du rôle que le château d'Halinghem a pu jouer au milieu de toutes ces luttes sanglantes ; seulement Luto, dans son manuscrit sur l'histoire de Boulogne, nous fait connaître sa position près de l'église, et nous apprend que des ruines de ce château on bâtit « la ferme la plus considérable » d'Halinghem. Or, cette ferme porte la date de 1691 : nous pouvons donc présumer que ce château fut détruit pendant les guerres de religion et que ce fut vers la même époque que l'église fut dévastée, après avoir eu à souffrir précédemment des courses des Anglais.

Les fondations du château qui, par sa position, dominait le village d'Halinghem, s'aperçoivent encore en partie dans les pâturages de la ferme, derrière le cimetière et le presbytère. Pour juger de l'importance de cet antique donjon, il faudrait ouvrir une large fouille, comme on vient de le faire pour le château d'Hubersent, qui a joué un si grand rôle à cette époque.

On a retrouvé, près de l'endroit où était situé le château, un souterrain qui se dirige dans la direction du Haut-Pichot, et qui devait avoir son entrée dans les côtes boisées, entre Verlincthun et Menty. Ce souterrain construit, sans doute, en prévision d'un siége et afin de pouvoir faire entrer, dans le vieux donjon, des secours et des approvisionnements, ne put empêcher sa ruine. De son antique splendeur, il reste à peine quelques débris et des mottes de terre couvertes de gazon. Il y a quelques années, on enlevait encore des grès et des matériaux pour les besoins de la ferme.

Ce château appartenait à la famille de Regnier de Brucaille. Cette famille paraît avoir suivi la carrière des armes: Gaspard de Regnier était homme d'armes, en 1516, sous les ordres du Sr de Piennes; Antoine de Regnier, Sr d'Esquincourt, lieutenant d'infanterie au régiment de Villequier, en 1625, et Denis de Regnier, Sr de Brucaille, capitaine au régiment du guet, en 1637 [1].

Les archives d'Halinghem nous ont conservé les actes

[1] De la Gorgue-Rosny, op. cit. P. 78. — Dans ses *Recherches généalogiques*, le même auteur met Regnier de Bucaille (voir le mot Bigant), tandis que les registres de catholicité d'Halinghem donnent toujours Regnier de Brucaille. Les signatures des membres de cette famille sont en concordance exacte avec le texte de l'acte.

de mariages de deux membres de cette famille. Le 8 janvier 1680, damoiselle Marguerite de Regnier de Brucaille, épousait, dans l'église d'Halinghem, messire Adrien de Fay, écuyer, seigneur d'Esquinnegatte. La bénédiction nuptiale fut donnée par A. de Fay, curé d'Airon-St-Wast, en présence de Pierre Wyart, curé de Frencq. De Regnier de Brucaille, père de la mariée (¹) ; damoiselles Marie-Jeanne et Catherine de Regnier ; François de Regnier, escuyer ; Adam de Fay, escuyer, seigneur de Louvigny ; Nicolas de Fay, escuyer, chevalier d'Esquinnegatte ; Marguerite de Fay, damoiselle de Beauregard, ont signé l'acte de mariage. Le sieur d'Esquinnegatte, Adrien de Fay, semble avoir habité Halinghem, après son mariage : nous le trouvons souvent repris comme témoin dans les actes de mariages et comme parrain d'enfants de la paroisse.

Une autre fille de Denis de Regnier, damoiselle Catherine-Jeanne de Regnier de Brucaille prenait pour époux, dans l'église d'Halinghem (12 juin 1694), Messire Adrien de Bigant, seigneur de Thubeauville, de la paroisse de Parenty (²).

La famille de Regnier portait *d'azur écartelé de gueules, à la croix anchrée d'or, à la bande d'hermine brochant sur le tout.* Ces armoiries en partie brisées et effacées se voyaient encore au XIXᵉ siècle sur une pierre tombale de l'église. L'inscription était devenue illisible (³).

Ce fut sans doute aussi avec les débris du château que l'on rétablit la basse église, et c'est ce qui expliquerait le

---

(1) Denis de Regnier, marié à Catherine de Poilly.

(2) Cf. arch. comm. reg. des B. M. S. de l'église d'Halinghem.

(3) La famille de Thubeauville conserva la propriété des de Regnier jusqu'au milieu du XIXᵉ siècle ; Mademoiselle Le Vasseur de Thubeauville la légua à M. de Bavre, son neveu. Actuellement elle appartient à Mᵐᵉ Édouard du Soulier, née de Bavre.

pêle-mêle de grès, de pierres blanches, de silex et de briques de la construction de la fin du XVIIe siècle. Ce n'était plus de l'architecture, mais seulement de la maçonnerie grossière, d'une pauvreté rare et du plus chétif effet. Quel contraste avec le soubassement du XIVe siècle, d'un appareil si gracieux et si élégant !

Les murs étaient percés de quatre petites ouvertures carrées qui donnaient à peine le jour suffisant pour éclairer l'édifice. Le malheur des temps et la pauvreté du pays, ravagé par tant de guerres, expliquent assez l'état misérable de cette triste construction. Que pouvait faire une population ruinée par l'invasion ennemie et dépouillée par les bandes armées qui parcouraient sans cesse la contrée ? Que pouvaient faire les décimateurs qui avaient tant de ruines à relever et ne percevaient rien des dîmes habituelles? Il fallait pourtant reconstruire l'église : on le fit avec toute l'économie possible et pour arriver à ce résultat, on fut, sans doute, encore obligé de s'imposer bien des sacrifices.

L'état de pénurie dans lequel se trouvaient les habitants d'Halinghem fut aussi la cause de leur participation à la révolte qui eut lieu vers cette époque et qui porte dans le souvenir du peuple le nom de *Guerre de Lustucru*. Pour éviter de recevoir les troupes royales en quartier d'hiver, la province avait offert au roi la somme de 40,000 livres, espérant ainsi être délivrée pour toujours de cette lourde charge. Mais l'année suivante (1661), on réclama de nouveau cet impôt, réduit à 30,000 livres. Aussitôt, les trois états du Boulonnais s'assemblèrent, le 19 août, à Boulogne, en l'hôtel de l'Échevinage, pour réclamer contre « ceste prétendue levée, que l'on dict estre ordonnée par nos seigneurs du Conseil. » Parmi les délégués du clergé, nous trouvons Jean de la Hodde, curé-doyen rural de Frencq et Halinghem, qui prit la défense du « pauvre peuple. » (1).

Une députation fut envoyée à Paris, près du maréchal d'Aumont, pour le « supplier très-humblement d'interposer son crédit et auctorité, pour par icelle estre libérée de lad. prétendue imposition. » Tout fut inutile et la cour ordonna de continuer la perception du nouvel impôt. Alors, vers les mois de juin et de juillet 1662, tous nos villages se soulevèrent contre les collecteurs, les paysans refusèrent de payer l'impôt, prirent les armes, se jetèrent dans les bois et les montagnes, et soutinrent une lutte acharnée contre les troupes royales envoyées pour réprimer la rébellion. Ils durent céder devant des forces supérieures, et les soldats du roi firent plus de 3,000 prisonniers qu'ils conduisirent à Boulogne.

• Maître Louis de Machault, conseiller du roi, fut envoyé dans le Boulonnais pour punir les rebelles. Les ordres du monarque étaient sévères : ils portaient peine de mort contre les chefs de la révolte, et les galères ou l'exil contre les campagnards qui avaient pris les armes. Louis de Machault fit rouer vif, sur la place de la basse-ville de Boulogne, un des chefs de l'insurrection, d'autres furent pendus à Marquise et à Samer, et tous les rebelles, âgés de vingt à soixante ans, furent condamnés aux galères.

Le 4 août, le conseiller du roi faisait « descendre les battants des cloches de Samer », défendait qu'on sonnât

(1) Arch. de Boulog. — Dubuisson, ms. cit.

avant un an et interdisait les foires et les marchés de ce bourg. L'évêque de Boulogne, François de Perrochel, obtint de Louis XIV la grâce de la plupart des rebelles. Il n'y eut que les 476 paysans pris les armes à la main qui furent conduits aux galères. Les lettres de grâces furent publiées par ordre de Louis de Machault, le 15 août, dans une assemblée tenue à la sénéchaussée, et ensuite lues au prône des messes paroissiales de tous les villages du Boulonnais (1).

Nous ignorons si quelques-uns des habitants d'Halinghem furent punis dans cette triste circonstance, mais la tradition populaire a conservé, dans notre village, le souvenir de cette révolte.

Ce ne fut pas le seul service que le saint évêque de Boulogne rendit à ses diocésains. Forts des concessions faites aux réformés par Henri IV, les prédicants se répandaient dans nos villages, prêchaient leur nouvel évangile, excitaient le peuple contre le clergé catholique, et sûrs de l'impunité, outrepassaient souvent les droits qui leur avaient été accordés. Les gouverneurs de Boulogne, soit incurie, soit prudence, n'osaient arrêter leur prosélytisme et les faire rentrer dans les limites déjà trop étendues de l'Édit de Nantes. Dans les registres de l'Église Réformée, nous trouvons que Ézéchiel Daunois, et plus tard Regnard, sieur de Limoges, vinrent plusieurs fois à Halinghem et à Haut-Pichot pour baptiser et enterrer leur coréligionnaires (2).

François de Perrochel, suivant l'exemple de ses prédéces-

(1) Ibid. — Hist. de Boulog. cit. Ut supra. P. 137 et sq.

(2) Arch. du Palais de Justice de Boulogne.

seurs, Victor le Bouthillier et Jean Dolce, fit tous ses efforts pour s'opposer aux novateurs et conserver l'esprit de foi à ses ouailles travaillées par l'hérésie. Il donna des missions dans tout son diocèse, et fit rentrer un grand nombre de réformés dans le giron de l'Église romaine (¹).

Nous ignorons si c'est aux missions de cet évêque de Boulogne ou à celles qui furent données par un de ses successeurs, Claude le Tonnélier de Breteuil (²), qu'Halinghem dut de voir les réformés, qui habitaient le pays, revenir à la religion de leurs pères. Mais ce que nous savons, c'est qu'en 1697, il n'y avait plus de Huguenots à Halinghem ni à Haut-Pichot, comme nous le prouve la liste officielle des Réformés qui se trouvaient encore dans le Boulonnais à cette époque (³).

Dans le XVIIᵉ siècle, nous trouvons comme seigneurs d'Halinghem, Mᵉ Laurent Flahaut, procureur du roi à Étaples (1650), et Louis Flahaut (1668). (⁴)

Quelques années auparavant (1635), on avait commencé l'organisation régulière des troupes boulonnaises. La cavalerie, forte de 600 chevaux, était fournie par les fermes principales du pays, tandis que les autres habitations, chaumières comprises, fournissaient l'infanterie, composée de simples journaliers ou de petits artisans au nombre de

(1) Scotté de Velinghem, ms. sur le Boulonnais.

(2) Cf. Gall. Christ., t. X, col. 1577-8.

(3) Ms. bibl. de M. de Bazinghem.

(4) L. E. de la Gorgue-Rosny, Recherches généalogiques des comtés du Ponthieu, de Boulogne, de Guines et pays circonvoisins.

5,000. D'après un état fait en 1746, pour la formation des régiments, Halinghem faisait partie de la sixième compagnie de Samer, avec Hubersent et Lacres, et devait fournir 28 hommes, tandis que Niembourg et le Haut-Pichot appartenaient à la cinquième compagnie du régiment d'Étaples, avec Bréquesent, Longvillers et Maresville, et devaient fournir 31 hommes, ce qui portait à 59 hommes le contingent d'Halinghem et de ses hameaux.

Le service, dit l'auteur de l'*État ancien du Boulonnais* ([1]), ainsi établi sur les chefs de familles et d'habitations, occupés ordinairement aux travaux de la campagne et à la culture des terres, semblait restreint à la défense de l'intérieur du pays, ou à des expéditions de peu de durée ; cependant l'infanterie n'a pas laissé, dans la guerre de 1688, d'être employée à la garde de Boulogne et des places voisines ; il en fut de même dans celle de 1702 et de 1741. La constitution de ces troupes les rendait si peu susceptibles d'un pareil service, qu'on fut obligé de les convertir de personnel en réel, c'est-à-dire que pour former un régiment, on assigna un nombre suffisant d'habitations qu'on obligea à fournir des hommes propres au service, de sorte que les deux tiers des régiments furent composés de substitués à 6, 7, 8 et 10 livres par mois, et quelquefois plus.

C'était là une lourde charge pour les habitants d'un village aussi pauvre qu'Halinghem et souvent il s'élevait des plaintes à ce sujet.

_____

(1) *Op. cit.* P. 08.

VI.

Visite de l'Archidiacre Abot de la Cocherie. — Rapports de 1725 et 1753. — Dîmes d'Halinghem. — Droits de l'abbaye de Longvillers. — École d'Halinghem.

———

Après avoir vu les Anglais, les Impériaux, les Huguenots et les Ligueurs en armes sur son territoire, le village
d'Halinghem était rentré dans le calme et travaillait à
réparer les ruines que la guerre avait laissées sur son passage. Dès cette époque, il ne se trouve plus mêlé à l'histoire
générale du Boulonnais et nous allons pouvoir entrer dans
les plus petits détails, grâce aux procès-verbaux de visite
de l'archidiacre de Boulogne et aux rapports des curés de
Frencq, qui sont arrivés jusqu'à nous.

Sous l'épiscopat de Pierre de Langle, l'archidiacre
François Abot de la Cocherie, vint visiter l'église d'Halinghem, en 1715. D'après son procès-verbal de visite, nous
voyons que les travaux de la nef, commencés vers la fin
du XVIIe siècle, venaient seulement d'être terminés. Le

manque de ressources avait sans doute entravé la bonne volonté des décimateurs et des habitants ; le doyen de Frencq, Gilles Quandalle, fut obligé de venir à leur secours et fit exécuter, à ses frais, un plancher sur la nef.

Le procès-verbal de l'archidiacre de Boulogne porte : « Halinghem, secours de Frencq, à une bonne lieue de la cure, petite église, couverte de tuiles, a un lambris sur le chœur et un plancher sur la nef, par les soins de M. le doyen. Petit autel et petit tabernacle ; ornemens de toutes les couleurs, mais simples. Il y a calice, ciboire, soleil et vases aux Saintes-Huiles d'argent ; fons en estat ; livres et linge ; point de sacristie ny de revenu ; cimetière fermé. » (¹)

Nous possédons encore deux rapports des curés de Frencq sur l'église d'Halinghem : l'un de 1725, sous l'épiscopat de Jean-Marie Henriau, et l'autre de 1753, sous l'épiscopat de François-Joseph de Partz de Pressy. Ces rapports donnent des détails très-intéressants. Celui de 1725 fut rédigé par Claude Legay, et celui de 1753 par Pierre-François Peuvion (²). Nous y trouvons que le curé de Frencq disait la messe à Halinghem, les dimanches et les fêtes et s'occupait « comme par le passé, » des intérêts religieux des habitants de Niembourg et de Haut-Pichot, à la prière de l'abbé de Longvillers, Messire Antoine-François de Molesun de Busca, seigneur de ces deux hameaux.

Le seigneur d'Halinghem était à cette époque Charles-François Dauphin qui signe : *escuyer, seigneur d'Halin-*

(1) Arch. de l'évêché de Boulogne.

(2) Ibid.

ghem. D'abord avocat à Boulogne, en 1728, puis lieutenant particulier de la sénéchaussée du Boulonnais (1733), il fut nommé quelques années après (30 juin 1742), conseiller du roi, lieutenant-général de la sénéchaussée, et enfin président, le 9 mai 1749. Ce fut lui qui fit réunir pour toujours la charge de président à celle de lieutenant-général, par un arrêt du Conseil d'État du 18 mars 1760 (1). Magistrat d'un esprit distingué et d'un mérite hors ligne, on doit le considérer comme une gloire du Boulonnais au XVIII° siècle. Le roi lui donna des lettres de noblesse en récompense de ses nombreux services (1759).

Les Dauphin portaient à la fin du XVII° siècle *d'argent à la bande de sinople, chargée d'un annelet d'or.* » Après leur anoblissement ils prirent « *d'or au dauphin de gueules, accompagné de 3 tourteaux de même 2 & 1, au chef d'azur chargé d'un soleil d'or.* » (2)

C'était déjà à cette époque une bonne et religieuse paroisse qu'Halinghem. Il y avait 200 personnes en âge de communier et tous avaient rempli leur devoir pascal,

(1) Charles-François Dauphin était fils de Charles, ancien mayeur d'Étaples, et de Suzanne Le Vel. Il épousa, avant 1728, damoiselle Louise-Antoinette Maignot qui lui donna huit enfants: Charles-Antoine, que nous retrouverons dans le cours de cette notice; François-Marie né à Boulogne en 1733; Louis-Marie François, officier de la compagnie des Indes, marié à Louise-Angélique Offroy de la Metterie; Marie-Alexandrine; Philippe-André; Louise-Élisabeth, mariée à M** Jean-Joseph de Lescurre, écuyer, Sr de Puisséguier, capitaine au régiment de Santerre; Marie-Françoise, mariée à M** Antoine Roger de Cabane, écuyer, mousquetaire du roi; et Marie-Suzanne-Thérèse, mariée à André-Joseph Becquet, Sr de Cocove, Mayecque, président juge général et lieutenant de l'amirauté à Calais.—Cf. de la Gorgue-Rosny, *ut supra.*

2) De la Gorgue-Rosny, *op. cit.*

dit le rapport (¹). On comptait, en 1725, 24 feux dans l'agglomération principale, 15 feux dans le hameau de Haut-Pichot et 10 feux dans celui de Niembourg. Vingt-huit ans plus tard, la population semble avoir augmenté d'une manière sensible ; puisque Halinghem comptait 27 feux, Haut-Pichot 20, et Niembourg 13. Actuellement, Halinghem possède 42 feux, Haut-Pichot 33, Niembourg 14, et Landacque 4. Ce dernier hamel paraît être de construction récente, car il n'en est parlé ni dans les rapports officiels des curés de Frencq, ni dans les antiques archives de la commune (²). Le résumé porte donc, en 1725, 49 feux ; en 1753, 60 feux, et en 1872, 93 feux.

Le rapport de 1753 nous donne une idée des dîmes perçues sur le village d'Halinghem. En dehors du seigneur, qui avait sa dîme et ses droits particuliers, nous trouvons comme décimateur, M. de Liégart de Tatéville (³), qui avait une portion de dîme affermée 45 livres ; les religieux de l'abbaye de Samer qui avaient une autre portion affermée

---

(1) Rapport de 1753. — Arch. de l'évêché de Boulogne.

(2) On trouve aussi ce hamel écrit *Landacre*. Différentes étymologies sont données à ce nom. Les uns n'y voient que ces deux mots: *Land*, qui veut dire terre, et *acre*, aride. Les terres environnantes étaient en effet en riez et ce n'est que depuis environ soixante ans qu'elles ont été défrichées, en partie. Ce qui n'empêche pas que d'autres étymologistes donnent à ce nom une signification tout opposée et prétendent qu'il vient de *Land*, terre, et *aker*, qui, en flamand, signifie *champ*, *terre à champs*.

(3) Ce Liégart, que l'on trouve aussi écrit Liégard, doit être Denis-Florent, écuyer, Sr de Tatéville qui épousa, en 1720, Marie-Louise de Guiselin. Leur fille, Marie-Suzanne, se maria, en 1752, à Louis-Marie de Guiselin, écuyer, Sr de St-Maur. C'est de cette façon, sans doute, qu'un Sr de Guiselin devint décimateur d'Halinghem. — Cf. de la Gorgue-Rosny, *op. cit.*

15 livres, et la dîme pastorale affermée 150 livres. En 1728 cette dîme montait à 180 livres ([1]).

Outre cette dîme pastorale, le curé de Frencq recevait une allocation de 50 livres des moines de Longvillers pour s'occuper de Niembourg et de Haut-Pichot, sous le point de vue religieux. Les dîmes de Niembourg et de Haut-Pichot appartenaient à l'abbaye de Longvillers qui possédait tous les droits seigneuriaux,—reliefs, censives, rentes, etc.,—sur toutes les terres des deux hameaux. Nous avons entre les mains un grand nombre de quittances données par le receveur de l'abbaye. Nous en prenons deux au hasard : elles suffiront pour constater quels étaient les droits de l'abbé de Longvillers :

« Je soussigné receveur de la manse abbatialle de Long-
» villers, reconnois avoir reçu du sieur Robert d'Aubin la
» somme de trente livres pour le relief dû par la mort de
» madame sa mère. Plus j'ay reçu du même trois livres
» pour le relief de surcens dûs sur six quarterons de terres
» à M. de Grand-Val dont quittance.

» Fait à Niembourg, ce premier juillet mil sept cent
» soixante et treize.

» Fr. RICHARD. »

» J'ai reçu du sieur Robert d'Aubin, neuf livres, six
» sols, six deniers pour tout compte arrêté cejourd'hui,
» de censives de onze mesures quatre-vingt-dix-sept verges
» de terre en deux pièces dont l'une de quatre mesures

(1) Arch. de Boulogne.

» et demie doit chacun an à la St-Remi vingt-deux sols,
» six deniers et un sol de reconnaissance. Le reste qua-
» rante sols chacun an, par chaque mesure à l'abbaye de
» Longvillers de qui elles relèvent à cause de leur sei-
» gneurie. Le total de la censive néantmoins partagé en
» deux termes dont quittance pour jusque compris le
» terme de St-Jean-Baptiste dernier, sans préjudice a
» autres dus, droits et plus ample tenure.

» Niembourg le vingt-six juin mil sept cent soixante-
» dix-neuf.

» Fr. Le Noir, receveur. »

Outre ces dîmes et revenus, l'abbaye louait la ferme et
le moulin de Niembourg, ainsi que quelques pièces de
terres à Haut-Pichot. Par bail de 1728, la ferme était louée
1800 livres à Pierre Lecouard et le moulin 450 livres à
Jean Louchez (1).

L'abbaye avait donc de grands revenus à Niembourg et
à Haut-Pichot, et cependant elle ne paraît pas avoir fait
d'importants sacrifices, soit pour les soins religieux à donner aux habitants de ces deux hameaux, soit pour l'in-
struction des enfants. Ceux-ci étaient obligés de venir à
l'école d'Halinghem et rien ne nous prouve qu'elle ait
jamais donné quelques secours au maître d'école dont la
position était si précaire alors. L'abbaye possédait cependant 24,000 livres de revenu et n'avait plus que six
religieux.

(1) Arch. de Boulogne.

Nous n'avons rien trouvé sur l'école d'Halinghem avant 1753 ; le rapport de P.-F. Peuvion nous fait connaître que le maître d'école d'alors était Charles Prevost. Il faisait la classe aux enfants « de l'un et l'autre sexe ensemble, mais sur des bancs séparés, » dit le rapport. « Les classes commençaient, en été, à sept heures du matin jusqu'à midi et de une heure jusqu'à six heures. » L'hiver, la rentrée avait lieu un peu plus tard le matin et la sortie plus tôt le soir. On remarque que le maître d'école se servait du catéchisme du diocèse et faisait faire la prière du matin et du soir par les élèves les plus instruits. Ce maître d'école n'avait point d'approbation épiscopale, il avait été reçu seulement par les principaux habitants du village, avec le consentement du curé de Freucq.

Pour son salaire, il recevait des habitants « deux septiers et demi de blé, plus quarante livres d'argent, le tout mal payé par les paroissiens, » dit le rapport. En dehors de ce faible revenu, il était chantre à l'église et pouvait, par conséquent, avoir quelques autres petits profits, mais si l'on réfléchit qu'il était marié (¹), qu'il pouvait avoir de la famille, n'est-on pas porté à se demander comment il faisait pour vivre avec si peu ? C'est là un profond problème d'économie sociale que nous ne saurions résoudre.

Il y avait aussi alors une sage-femme à Halinghem, sachant administrer le baptême « mais non approuvée. » (²)

A cette époque Halinghem faisait partie du baillage

---

(1) Rapport de 1753.

(2) Ibid.

d'Étaples. Le lieutenant-général en la sénéchaussée de
Boulogne, Dauphin d'Halinghem, avait bien obtenu de
Louis XV un édit donné au camp, sous Tournai (juin
1745), portant réunion à la sénéchaussée de Boulogne des
juridictions de plusieurs prévôtés, entre autres celle
d'Étaples ; mais le sieur Baudelicque, prévôt d'Étaples,
Choquel et Bellefontaine, résista avec succès, contre le
seigneur d'Halinghem, pour conserver son baillage, et le
lieutenant-général ne put lui enlever que les villages de
Condette, St-Étienne, Hesdigneul, Carly, Verlincthun,
Menty, Tingry, Samer, Wierre-au-Bois, Neufchâtel, Nesle,
Florincthun, Affrengue, et Escamme (¹).

(1) *Bulletin hist. des antiq. de la Morinie*, an. XXII. P. 251.

VII.

Restauration de l'église. — Jacques - Madeleine Bertout.—Confrérie de St-Hubert.—Annexion de Niembourg et du Haut-Pichot. — Prêtres qui exercèrent le ministère à Halinghem.

La basse église, qui avait été reconstruite en partie à la fin du XVIIᵉ siècle, demandait encore des restaurations nouvelles. La façade principale s'écroulait. Ébranlée, sans doute, lors de la chute des murs latéraux, elle n'avait pas été convenablement reliée à la nouvelle construction et menaçait de s'en détacher. De plus, on désirait avoir un clocher en remplacement du campanille en ruines. Pour couvrir ces dépenses, l'église n'avait pas de ressources ; elle n'avait pas « de fabrique et encore moins de revenus » et ne subsistait que « des aulmones des fidèles. » Les bancs étaient, il est vrai, arrentés, mais « le payement en est fort négligé, » [1] constate le rapport de Pierre-François Peuvion. De plus, ajoute le même document, « il y

_____

[1] Rapports de 1725 et de 1753.

Vue prise du Portail

manque des ornements de toutes couleurs étant tous très-défectueux...... Il y manque aussi des livres à sçavoir un graduel et un antiphonaire. »

Dans de telles conditions on ne pouvait pas penser à exécuter une œuvre d'art, on se contenta de faire de la maçonnerie et on éleva un mur en grès, sans moulure et sans ornementation aucune. Au-dessus du portail, on construisit une cage en bois pour placer la cloche, le tout surmonté d'une mesquine flèche, couverte avec des essangles ou ardoises de bois, de l'effet le plus grêle et le plus chétif. L'adjudication des travaux en avait été faite à la subdélégation, en 1753 (¹).

C'est dans cette église en ruines que fut baptisé, vers cette époque, un enfant qui devait rendre un jour de grands services à l'Église. Jacques-Madeleine Bertout fut présenté au baptême le 6 mai 1753 et ordonné prêtre à Boulogne, en 1777, par le pieux et savant évêque de ce diocèse, Monseigneur de Partz de Pressy ; il se destina aux missions et partit pour Cayenne. Jeté sur la côte d'Afrique par une tempête, il exerça quelque temps son ministère au Sénégal et revint en France, où il enseigna la théologie au séminaire de Meaux, puis dans celui de Paris. A l'époque de la Révolution, il dut se cacher à Niembourg, jusqu'au moment où il passa en Angleterre (10 septembre 1792).

Dix ans plus tard, il rentrait en France et travaillait au rétablissement du séminaire du St-Esprit, qui avait déjà donné tant de missionnaires. Il lutta pendant la durée de

(1) Ibid.

6

l'Empire pour réaliser son projet, mais il ne vit ses espérances couronnées de succès qu'au retour des Bourbons. Une ordonnance royale du 3 février 1816 rétablit, rue des Postes, la congrégation du St-Esprit dont il fut le supérieur.

De 1817 à 1832, il fit partir 97 prêtres pour les colonies. La Martinique en reçut 28 ; la Guadeloupe 26 ; la Guyanne et Cayenne 12 ; le Sénégal et Gorée 7 ; l'île Bourbon 19 ; la paroisse française de Pondichéry 2 ; et les îles St-Pierre et Miquelon 3 (1).

Le gouvernement de Juillet s'étant emparé de son séminaire pour en faire un hôpital militaire, il en conçut un vif chagrin : c'était détruire en un instant ce qu'il avait rétabli avec tant de peines. Sa santé s'altéra ; la goutte, dont les accès étaient devenus depuis quelques années plus fréquents et plus douloureux, se fixa sur les organes intérieurs et rien n'en put amortir la violence. Enfin, une dernière crise l'enleva dans la nuit du 9 au 10 décembre 1838.

« Peu d'hommes, dit un de ses biographes, ont laissé des souvenirs plus tendres à ceux qui l'ont connu. Le cœur chez lui était excellent, un sens droit, un zèle pur, un attachement profond à l'œuvre à laquelle il s'était consacré, une constance incroyable à la faire revivre ; tels sont les traits les plus saillants de son caractère. Toute sa vie avait été dévouée à Dieu et au prochain, et cependant il semblait trembler encore dans ses derniers jours, à la vue du juge-

(1) Cf. Mémoires ms. de M. Bertout.

ment redoutable, tant l'humilité était fortement enracinée en lui. »

Nous nous sommes écarté de notre sujet, mais nous devions cet hommage à l'enfant d'Halinghem, au prêtre savant, pieux et zélé, qui se dévoua toute sa vie pour le bien de la religion et le salut des âmes.

Le Rapport de 1753, qui nous a été si utile pour connaître la paroisse d'Halinghem, nous parle encore d'une confrérie de St-Hubert érigée dans notre église. Nous ne savons rien de l'origine de cette confrérie ni de la date de son érection; seulement, le curé de Frencq, Pierre-François Peuvion, qui nous transmet ces renseignements, nous apprend que de son temps elle passait pour être « fort ancienne. »

Le but principal de cette association pieuse et charitable était de porter les corps des défunts à leur sépulture, de visiter les malades, veiller les morts, accompagner le Saint-Sacrement quand on le porte aux mourants ou dans les processions, « avec une torche à la main et un chaperon sur l'épaule. » Rien de plus louable et de plus édifiant que l'esprit chrétien renfermé dans ces saintes pratiques. L'église ne trouve-t-elle pas toujours un moyen de rattacher l'homme à son frère souffrant et même de le faire se dévouer à sa dépouille mortelle ?

Cette confrérie existe encore à Halinghem. Sa fête, qui est célébrée avec grande pompe, a lieu le 3 novembre — fête de Saint Hubert, — et réunit un si grand nombre de fidèles, qu'aux différents offices de la journée, l'église est trop petite. Cette fête n'est le prétexte d'aucune superstition, ni d'aucun divertissement. Tout s'y passe avec un profond recueillement et un grand esprit de foi.

Le Rapport de 1753 nous fait connaître qu'alors « il y avait fort peu de confrères. » Actuellement la confrérie compte 31 membres actifs et 110 membres associés qui participent aux prières de la confrérie ; 17 ecclésiastiques en font partie. Le lendemain de la fête de Saint Hubert, on chante un service solennel pour tous les confrères défunts. De plus, chacun des membres portant *chaperon* a droit, après sa mort, à un service aux frais de la confrérie. Chaque année, le 4 novembre, à l'issue du service, les confrères, sous la présidence du curé de la paroisse, nomment au scrutin le *prévost ;* le confrère qui sort de charge devient trésorier jusqu'aux élections suivantes.

On a vu précédemment quels étaient les rapports d'Halinghem avec les hameaux de Haut-Pichot et de Niembourg. Rien n'était encore changé depuis le Moyen-Age ; le curé de Frencq continuait toujours de donner les soins spirituels aux habitants de ces deux localités, « à la prière des abbés et religieux de Longvillers » qui avaient conservé toute autorité et continuaient de se considérer comme les curés de droit.

Cet état de choses, comme nous l'avons déjà dit, avait bien souvent soulevé des difficultés, quand un arrêt du conseil du Roi, à la date du 19 mai 1747, retira aux religieux de l'ordre de Cîteaux les priviléges qu'ils prétendaient avoir en fait de droit de ce genre. Alors le curé de Frencq, Pierre-François Peuvion qui venait de prendre possession de sa cure depuis peu de temps, demanda à l'évêque de Boulogne, François-Joseph-Gaston de Partz de Pressy, de prononcer la réunion formelle de ces deux hameaux à l'une des paroisses voisines : « soit celle d'Halinghem où l'on avait jusque là toujours inhumé les corps, soit à toute autre. (1) »

Cette demande n'était que trop juste et devait appeler toute la sollicitude de l'évêque diocésain. Il y eut cependant bien des lenteurs, et ce fut seulement quelques années après, que signification ayant été faite officiellement aux intéressés, Monseigneur de Pressy nomma un commissaire enquêteur pour s'occuper de cette affaire. Dusautoir, curé de Cormont, assisté du sieur Roussel, sous-diacre, faisant fonction de greffier, se rendit sur les lieux et fit la vérification des distances qui séparent le Haut-Pichot et Niembourg des villages de Widehem, de Verlinethun et d'Halinghem ; la proximité d'Halinghem, et les rapports religieux engagèrent le commissaire épiscopal à demander à l'évêque l'union des deux hameaux à la paroisse d'Halinghem. Cette annexion fut prononcée le 4 avril 1764 (2). A cette époque, la population de Niembourg et du Haut-Pichot était de 150 habitants (3).

L'acte d'annexion a été enregistré dans le premier des six registres aux insinuations ecclésiastiques du diocèse de Boulogne, sous la date du 4 avril 1764. Cependant, dans un acte passé par devant Me Oudard-Antoine-Joseph Levasseur, notaire à Samer, à la date de 1763, où il est question d'un bail d'une maison et de terres situées à Niembourg, il est spécifié que ce hameau est de la paroisse d'Halin-

(1) Arch. de l'évêché de Boulogne.

(2) Ibid.

(3) Ibid. — La population d'Halinghem était de 135 ; en 1698, elle était de 140. La commune avec ses hameaux possédait, en 1805, 303 habitants ; en 1814, 301; et en 1864, 404.

ghem. D'autre part, un acte du 27 janvier 1771, que nous avons trouvé dans les archives de l'étude de Mᵉ Jean-Marie Lapie, notaire royal à Samer, porte qu'à cette époque le Haut-Pichot faisait encore partie de la « paroisse de l'abbaye de Longvillers. » La même indication se présente encore dans un bail du 15 mars 1782. Malgré ces divergences, nous croyons que l'on doit s'en rapporter entièrement à l'acte officiel qui place l'annexion de Niembourg et du Haut-Pichot, à l'église d'Halinghem, au 4 avril 1764.

Trois ans plus tard, la paroisse d'Halinghem reçut la visite de son premier pasteur. L'illustre évêque de Boulogne, de Partz de Pressy, célébra la sainte Messe dans la pauvre église d'Halinghem et y administra le Sacrement de la Confirmation, le 10 septembre 1767 (¹).

« Comme le divin Maître, dit l'auteur de l'*Étude sur la vie et les ouvrages de Monseigneur de Pressy*, le saint Prélat savait quelle vertu secrète se communique à la foule quand l'évêque se laisse approcher, et pour ainsi dire, toucher par elle. Il pouvait par là se faire connaître des brebis en même temps que des pasteurs et porter, jusqu'aux extrémités de son diocèse, le parfum de sa piété et la persuasive attraction de sa parole (²). »

Vers cette époque, nous trouvons comme seigneur d'Halinghem, Charles-Antoine Dauphin, écuyer, conseiller du Roi, président et lieutenant-général de la sénéchaussée du

---

(1) Reg. des B. M. S. Arch. comm.

(2) L'abbé D. Haigneré, p. 86.

Boulonnais, fils de Charles-François Dauphin, dont nous avons parlé plus haut. Il avait été pourvu, sur la résignation de son père, de l'office de président et lieutenant-général, par lettres du 10 août 1761 ([1]).

Hâtons-nous de constater que le nom de notre village semble avoir subi, depuis plusieurs siècles, une légère transformation. La terminaison *ghem* étant, sans doute, regardée comme trop dure, on voulut l'adoucir en changeant *ghem* en *ghen*. Les Flahaut et les Dauphin signaient seigneurs d'Halinghen. L'historien Luto supprime même la première lettre et écrit ordinairement *Alinghen* M. de la Gorgue-Rosny, dans ses *Recherches généalogiques*, cite un exemple de 1477 où l'on écrit Alemghen.

Les voies de communication qui reliaient Halinghem avec les localités voisines étaient alors des plus défectueuses, ou n'existaient qu'à l'état de voyettes, lorsque l'Administration du Boulonnais, ayant reconnu la nécessité d'établir des communications entre toutes les parties de son arrondissement, prit une délibération relative à cet objet, le 8 juin 1780. Les vues sages et utiles renfermées dans ce projet furent approuvées par le Conseil d'État, le 5 juin 1781.

De 1782 à 1789, les travaux furent poussés avec activité dans toutes les directions. Halinghem eut sa part de ces travaux ; on lui imposa 134 toises sur le chemin qui devait relier Boulogne à Étaples, par Neufchâtel. Les dépenses montèrent à la somme de 754 livres, 9 sous, 6 deniers. De

---

(1) Arch. comm. — De la Gorgue-Rosny, *op. cit.*, p. 135. Charles-Antoine Dauphin épousa Marie-Anne Joseph Renard d'Homel, il en eut deux enfants : Louise-Henriette et Charles-Marie.

son côté, Niembourg dut faire 448 toises du même chemin et dépenser 2444 livres, 7 sous, 1 denier ([1]). Ce fut la première route qui traversât le territoire d'Halinghem ; encore se trouvait-elle éloignée du village principal, et il lui faudra attendre jusqu'au milieu du XIXᵉ siècle pour voir son réseau entièrement terminé.

Avant de clore ce chapitre, donnons un souvenir aux prêtres qui, jusqu'à la Révolution, exercèrent le ministère dans la paroisse d'Halinghem. Nous ignorons quelles furent leurs œuvres, et nous ne pouvons parler de leur zèle pour la sanctification des âmes ; leur histoire n'est pas venue jusqu'à nous. Nous sauverons du moins leur nom de l'oubli, grâce à l'obligeance de M. l'abbé Haigneré qui a mis à notre disposition des notes extraites des archives de l'évêché de Boulogne.

Le premier curé qui nous soit connu est A. Lelong. Il eut, en 1630, pour successeur, J. de Lahodde, que l'on trouve aussi écrit Delehodde. Cet ecclésiastique résigna son poste en 1669, et fut remplacé par Léonard Lattaignant qui mourut dans sa cure en 1675. Après lui vient Pierre Wyart, ordonné au mois de février 1675 ; il fut nommé à la cure de Frencq, le 12 mars suivant.

Cette nomination souleva des difficultés, et il y eut quelque temps incertitude sur la question de savoir quel était le véritable présentateur de la cure de Frencq ; J. de La-

_____

(1) Arch. comm. — Henry, op. cit., p. 156-157.

Suivant l'article 18 du règlement concernant les communications intérieures du Boulonnais, les riverains étaient chargés de leur entretien, à compter du jour de la réception de l'ouvrage.

hodde avait été présenté par l'abbé de Samer-aux-Bois, Wyart le fut par les religieux de l'abbaye. Pour répondre à ce qu'il croyait être sans doute une usurpation, l'abbé de St-Wulmer présenta Dominique Postel, qui reçut ses lettres de nomination le 2 avril 1675, mais ne put jouir de son bénéfice, parce que le droit des religieux n'était pas contestable. Postel fut alors nommé à Nielles-lès-Ardres, le 18 octobre 1675. Le 18 septembre de l'année suivante, Pierre Wyart fut nommé à la cure de Rodelinghem, mais il parvint à rester à Frencq, où il mourut, en 1684 ([1]).

Son successeur, Pierre Senéca, *de Boulogne*, gradué maître ès-arts de l'université de Paris, fut nommé à la cure de Frencq et Halinghem à la fin de l'année 1684, et y resta jusqu'à sa mort, arrivée en 1695.

Le 14 mars de la même année, Gilles Quandalle, *de Samer*, gradué de l'Université de Paris et curé d'Estréelles, prenait possession de la cure de Frencq. Le 28 janvier 1710, il fut nommé curé de St-Pierre-lès-Calais, mais ayant refusé, il reçut la commission de doyen du district de Frencq. Quelques années plus tard, il voulut permuter avec son parent, François-Bertrand Quandalle, *de Samer*, curé de Cormont, depuis le 1er avril 1717 ; l'évêque signa les lettres de nomination, mais pour des raisons que nous ignorons, elles restèrent sans effet et Gilles Quandalle mourut à son poste, en 1719.

Claude Le Gay, *de Montreuil*, son successeur, prêtre du diocèse d'Amiens, fut nommé le 3 novembre 1719. Nous

[1] Arch. de l'évêché de Boulogne.

avons de lui un rapport sur Frencq et Halinghem, à la date de 1725. Il mourut dans sa cure, en 1727.

La nomination de Jean Fourcroy, *de Menneville*, est du 10 juin 1727. Ordonné en 1690, il avait desservi la cure de Beussent, en 1698, puis il avait été successivement vicaire de Lottinghem, d'octobre 1700 à 1705 ; de St-Martin-Choquel, où il tenait l'école, de mai 1705 à 1726 ; curé de Wicquinghem, le 15 juillet 1726 ; curé de Bécourt, le 22 juillet de la même année. Il résigna sa cure de Frencq, en 1746, et se retira à Menneville où il mourut, le 8 novembre 1750, âgé de 85 ans; il fut inhumé, le 10, dans le chœur de l'église.

Philippe de Lennel, curé de St-Léonard, ancien chapelain de St-Éloi, dans la cathédrale de Boulogne et vicaire de St-Joseph, lui succéda. Sa nomination est du 17 février 1746 ; il ne prit possession que le 10 mars suivant ([1]), et la même année, se démit de son bénéfice. Nous ne voyons pas qu'il ait signé un seul acte, mais nous trouvons à cette époque un sieur de la Cour qui prend le titre de desserviteur de Frencq et Halinghem.

Après quelques mois de vacance, les religieux de Samer présentèrent Pierre-François Peuvion, *de Renty*, vicaire de Marquise, ancien titulaire de la « chapellenie de Fasquel en Fauquembergue. » (4 septembre 1737.) Sa prise de possession est du 13 août 1746 ([2]). Nous avons de lui

---

(1) Acte de l'étude de Mᵉ Jean-Paul Descotte, notaire à Samer. — Philippe de Lennel fut plus tard nommé chapelain de St-Jean-Baptiste du *Manoir*, dans l'église d'Hesdin-l'Abbé (18 mai 1752). Il mourut à St-Léonard, en 1762.

(2) Acte notarié. — Ibid.

un rapport sur les églises de Frencq et d'Halinghem. Le dernier acte qu'il signa aux registres de catholicité est du 28 juin 1776, année de sa mort.

Il y eut alors une vacance remplie par le vicaire Jean-Pierre Framery qui prend le titre de desserviteur. Le nouveau titulaire ne fut pas longtemps à prendre possession de son poste ; c'était un ancien vicaire de Frencq, nommé curé de Longvillers, le 1er mars 1752, Philippe-Joseph Thibaut, *de Boningues-lès-Ardres ;* sa nomination est du 5 octobre 1776. Déjà depuis le 11 octobre de l'année précédente, il avait reçu la commission de doyen du district de Frencq. Le 28 avril 1777, il donna sa démission pour retourner à Longvillers, où la Révolution l'a trouvé fidèle à Dieu et au Souverain-Pontife.

Le dernier curé de Frencq, avant la séparation d'Halinghem, fut Antoine Persuanne, *de Licques*, vicaire de Licques. Sa nomination est du 29 juin 1777. Ce vénérable ecclésiastique a laissé d'excellents souvenirs encore vivants dans le pays ; nous le retrouverons un peu plus loin en retraçant la période révolutionnaire.

Les vicaires de Frencq et Halinghem furent :

Pierre de Crespy, ancien chapelain de la Tillemande, vicaire de Frencq, de 1676 à 1680; sa nomination à la cure de Bécourt est du 18 octobre 1680 ;

Jean-Baptiste Lubos, de 1680 à 1691 ;

Charles Hochedé, *d'Alette*, de 1692 à 1694, nommé alors curé d'Inxent ;

Florent De...ues, que l'on trouve encore écrit dans les registres de ...tholicité Desplanq, en 1695, nommé curé d'Estréelles, le 2 mars 1701 ;

Antoine Boully, *d'Hesdin-l'Abbé*, de 1707 à 1713, nommé alors vicaire d'Étaples ;

Jacques Henguier, *de Bourthes*, de 1713 à 1721. Sa nomination à la cure d'Estréelles est du 4 avril 1721 ;

Charles Senneville, *de Beaurainville*, de 1724 à 1727, nommé curé de Bécourt, le 7 juillet 1727 ;

Bertrand Senéca, *de la basse-ville de Boulogne*, 1727 ;

Louis-Adrien Guerlain, *de Samer*, de 1728 à 1729 ; il fut nommé curé de Cormont, le 30 décembre 1729 ;

Jean-François Bourgois, de 1730 à 1732 ;

Antoine-Joseph de Villers, *d'Houvin*, de 1732 à 1742 ; sa nomination à la cure de Bournonville est du 17 mai ;

Philippe-Joseph Thibault fut nommé vicaire de Frencq aussitôt après son ordination qui eut lieu le 19 mai 1742 ; il exerça jusqu'au 1er mars 1752, date de sa nomination à la cure de Longvillers ; plus tard il devint curé de Frencq ;

Joseph Leclercq, de 1752 à 1760 ;

Gilles Friocourt, *de la basse-ville de Boulogne*, de 1760 à 1770 ;

Louis-Eustache Handouche, *de Fressin*, de 1770 à 1772 ;

Antoine-François Fontaine, *d'Hardinghem*, maître ès-arts de l'Université de Paris, de 1772 à 1773 (10 avril) ;

Joseph Ringot, *de Vieil-Moutier*, ancien vicaire de Colomby, vicaire de Frencq, de 1773 à 1775 ; le 9 juin de cette année, il fut nommé, au concours, curé d'Embry ;

Jean-Pierre Framery, *de Desvres*, ordonné le 10 juin 1775, fut nommé de suite vicaire de Frencq. Après la mort du curé Peuvion, il prit le titre de desserviteur de Frencq et Halinghem, et eut pour vicaire Pierre-Charles ; mais à l'arrivée du curé Philippe-Joseph Thibault, il reprit son vicariat. Au mois de juin 1777, il fut nommé directeur des Bénédictines d'Ardres ;

Pierre-Charles, *de Bazinghem,* dont il est parlé plus haut, ne resta que quelques mois ;

Jean-Baptiste-Marie Roche, *d'Ardres,* de 1777 à 1782 ; sa nomination de chapelain de l'hôpital de Boulogne est du 22 octobre 1782 ;

Jacques-Antoine Branland, *de la haute-ville de Boulogne,* ancien vicaire de Tournehem, vicaire de Frencq, le 22 octobre 1782 ;

Jean-Charles Butor-Blamont, *d'Alembon,* desserviteur dé Bainethun, vicaire de Frencq, du 20 novembre 1782 jusqu'au 26 avril 1786, date de sa nomination au vicariat d'Ardres ;

Charles-François-Alexandre Buttel, *de la basse-ville de Boulogne,* ancien vicaire de Bayenghem-lès-Éperlecques, vicaire de Frencq, du 26 avril 1786 au 24 décembre 1788, nommé alors vicaire de Samer ;

Jean-François-Noël Bellenger, *de Boursin,* du 15 novembre 1788 au mois de mai 1789 ;

Pierre-Jacques-François Willaume, *de la basse-ville de Boulogne,* fut ordonné le 17 mai 1788. Après avoir été employé deux mois à Wierre, quatre à Tardinghem, six semaines à l'hôpital de Boulogne, il fut enfin nommé vicaire de Frencq, le 25 mai 1789. C'est le dernier vicaire de Frencq qui desservit l'église d'Halinghem. Arrivé à la veille de cette grande commotion sociale, de cette crise terrible où devaient disparaître tant d'institutions du passé, il fut obligé, après quelques mois, de quitter son poste, ne voulant pas prêter le serment constitutionnel.

Nous ignorons ce qu'il devint dans la tourmente révolutionnaire, mais après le Concordat, nous le retrouvons vicaire de Guines, et quelques années plus tard, desservant de St-Pierre-lès-Calais (1810), et chanoine honoraire d'Arras. Il mourut le 7 mars 1827, à l'âge de 67 ans (¹).

---

(1) Cf. Arch. de l'évêché de Boulogne. — Arch. de Frencq. — Id. Halinghem. — regist. de catholicité. Nécrologe du diocèse d'Arras.

VIII.

Halinghem sous la Révolution. — Annexion provisoire à la paroisse de Widehem. — Prêtres assermentés à Widehem. — Vente des biens nationaux. — Inventaire du mobilier de l'église. — Dévastation de l'église.

———

La Révolution s'organisait et faisait chaque jour de nouveaux progrès dans les esprits ; l'Assemblée nationale, en qui reposait toute autorité, détruisait pour tout reconstruire sur de nouvelles bases. Un décret abolit la division du royaume en provinces et partagea la France en quatre-vingt-trois départements, subdivisés en districts, cantons et communes (15 janvier 1790). Dès lors le Boulonnais perdit son autonomie, et son ancienne circonscription fut comprise dans le département du Pas-de-Calais formé de l'Artois, du Boulonnais, du Calaisis et de l'Ardrésis. Boulogne devint le chef-lieu de l'un des huit districts dont se composait le département. Ce district se subdivisait à son tour en douze cantons parmi lesquels se trouvaient Étaples et Samer.

Halinghem fit partie du canton de Samer, tandis que Frencq se trouva rattaché à celui d'Étaples. Cette circonstance réveilla les aspirations des habitants d'Halinghem; ils comptaient revenir en possession de leur ancien titre de paroisse, lorsque la marche des événements vint détruire leurs espérances.

A cette époque le seigneur d'Halinghem était Charles-Marie Dauphin, qui avait épousé une demoiselle de Rocquigny du Fayel; c'était le fils de Charles-Antoine Dauphin, président et lieutenant-général de la sénéchaussée du Boulonnais. Il est repris, à cause de sa seigneurie d'Halinghem, dans l'assemblée de la noblesse du Boulonnais, réunie le 16 mars 1789, pour nommer un député aux États-Généraux.

Le décret de l'Assemblée nationale du 14 décembre 1789 avait réglé un nouveau mode d'élection pour constituer les municipalités. La mairie était élective, et cette première dignité de la commune devait être décernée par le suffrage de tous les citoyens. Le premier élu fut Antoine Leleu ; Pierre Anquer fut nommé agent national (1791). (¹)

La position était difficile et il fallait un véritable dévouement pour accepter la direction des affaires communales. Dans bien des circonstances, la municipalité dut procéder à des opérations pénibles que tous ses membres déploraient; mais pouvait-on ne pas obéir à la loi?

Le malaise était général, surtout depuis que l'Assemblée (27 novembre 1790), avait exigé des membres du clergé, un serment constitutionnel que réprouvait la conscience,

(1) Arch. municip.

parce qu'il détruisait les lois sacrées de la hiérarchie et était opposé aux principes de la foi et de la discipline. Par cette loi malheureuse sur la constitution civile du clergé, les représentants de la nation se plaçaient sur une pente fatale qui devait les conduire aux dernières extrémités.

Antoine Persuanne, doyen de Frencq et Halinghem, ne se laissa pas entraîner par l'exemple malheureux de ses confrères d'Étaples, Camiers et Dannes qui eurent la faiblesse de prêter le serment constitutionnel. Il refusa énergiquement ainsi que son vicaire, l'abbé Willaume, d'obéir à des lois tyranniques et impies qui plaçaient le clergé entre l'apostasie et l'exil. Il quitta donc la cure, tout en restant au milieu de ses paroissiens; jusqu'au moment où, menacé chaque jour de l'échafaud révolutionnaire, il crut devoir céder à l'orage et s'acheminer vers la terre d'exil.

L'évêque constitutionnel du département, Porion, ancien curé de St-Nicolas-des-Fossés d'Arras, qui venait d'être installé à St-Omer, avait envoyé à Frencq pour remplacer M. Persuanne, un prêtre assermenté, le citoyen Thueux (1). Ce malheureux ecclésiastique remplit ce poste jusque vers la fin de 1795. Ce serait céder à une inspiration regrettable que d'entrer ici dans des détails qui le concernent sous prétexte d'être plus complet. Il appartient à l'histoire de l'église de Frencq. Contentons-nous, en passant, de constater que les habitants d'Halinghem n'eurent pas de rapports avec lui.

(1) Proclamation des curés constitutionnels dans le Boulonnais, 23 mai 1791. Du Wicquet ms. cit.

A cette époque, chaque paroisse eut un curé présumé, nommé par le peuple ; il ne manquait, à ce curé, que des paroissiens. Ceux qui avaient coutume de fréquenter l'église s'éloignaient avec horreur de l'*intrus ;* ceux qui n'allaient pas à la messe auparavant ne s'y présentaient pas davantage. Les offices publics étaient ainsi célébrés dans le désert, et l'État salariait un ministre du culte, qui en réalité n'était le curé de personne.

A cause, sans doute, de son peu d'importance, et du nombre restreint de curés assermentés, Halinghem, quoique détaché de Frencq, n'eut pas de curé titulaire; provisoirement la commune devait être desservie par le curé de Widehem. Ce village avait été reconnu comme paroisse par un arrêté du citoyen Spitalier, grand-vicaire de l'évêque du département. Le directoire du district de Boulogne (1) légalisa, le 19 octobre 1791, l'élection du nouveau curé, Antoine Baudelicque, ancien curé de Dannes ; cet ecclésiastique ne prit pas cependant possession de son poste (2).

Le 8 avril 1792, Pierre-François Bomy prit possession de la cure de Widehem. Ce jeune prêtre qui avait été ordonné

---

(1) Reg. aux délib. du Conseil génér. de Widehem. — Lettre de M. Blancart, procureur-syndic du directoire du district de Boulogne.

(2) Antoine Baudelicque, *d'Étaples*, avait été ordonné le 13 juin 1778; il fut d'abord desservant à Bresmes, puis vicaire à Réty, chapelain de l'hôpital de Boulogne, 24 octobre 1780, et curé de Dannes et Widehem, le 23 octobre 1782. Il prêta le serment constitutionnel, mais en y ajoutant certaines restrictions. Vers 1796, il reprit le titre de curé de Dannes et Widehem. Après le Concordat, il fut nommé curé de Condette, et y mourut, le 17 octobre 1827, à l'âge de 76 ans. — Arch. de l'évêché de Boulogne. — Id. d'Arras. — Arch. de Widehem.

par l'évêque Porion, sept mois auparavant, et qui déjà avait été vicaire de Remboval, ne resta à Widehem que quelques mois. Il fut remplacé par un autre prêtre *porionné*, Michel-Joseph Margollé (¹), vicaire de Thiembronne (29 juin 1792.) L'année suivante, deux curés se partagent l'administration de la paroisse. Les citoyens Baudelicque et Margollé se font tous deux autoriser par le Conseil-Général de la commune de Widehem, qui leur désigna des heures différentes « pour dire la messe. » (²) Mais la population de Widehem, de même que celle d'Halinghem, s'éloignait de ces prêtres apostats et refusait d'avoir recours à leur ministère.

N'anticipons pas sur les événements.—La vente des biens du clergé suivit de près le serment constitutionnel ; peut-être, espérait-on qu'en les jetant dans le gouffre de la dette publique, on le comblerait. Le résultat désiré ne fut pas obtenu : on enrichit seulement quelques spéculateurs peu délicats qui achetèrent ces biens pour une poignée d'assignats (³).

La municipalité d'Halinghem fut obligée de prêter son concours au commissaire qui vint faire l'inventaire des biens appartenant aux moines de Longvillers, biens qui se trouvaient sur le territoire de Niembourg et du Haut-Pichot. La ferme, le moulin, le bois, les terres, tout fut

---

(1) Nous ignorons ce que devinrent les sieurs Bomy et Margollé ; ils ne furent pas replacés après le Concordat et ne figurent pas au nécrologe d'Arras.

(2) Reg. aux délib. de la comm. de Widehem.

(3) La première adjudication des biens nationaux dans le Boulonnais est du 11 décembre 1790. — Du Wicquet, ms. cit.

bientôt après vendu au district. Par prudence, nous taisons les noms des différents acquéreurs ; ce souvenir pourrait jeter la tristesse au sein de familles honorables.

L'Assemblée nationale s'était aussi emparée, comme propriété de la nation, de tous les biens des nobles émigrés. A ce sujet une réclamation fut portée au Conseil-Général de la commune d'Halinghem, par le sieur de Montcornet de Caumont, qui se présenta lui-même à la séance du 29 pluviose an III (17 février 1795.) Il se plaignit que, sur la notification des membres de la municipalité, on s'était emparé comme bien d'émigré, de 15 mesures de terres à lui appartenant. Il certifia qu'il n'avait jamais abandonné le sol de la République et que par conséquent il se croyait en droit d'attaquer la commune d'Halinghem.

L'agent national se retrancha derrière les ordres de l'autorité supérieure.— Il fit valoir que ces biens n'étaient pas la propriété du requérant, mais celle de sa femme ; que ses deux fils émigrés étaient, vu le décès de leur mère, les seuls propriétaires, et que par conséquent on avait dû déclarer ces terres comme bien d'émigrés ; de plus que la municipalité devait « obtempérer aux ordres qui lui ont été envoyés, de déclarer émigré, au terme de la loy, ceux qui ne fournissoient pas de certificats, tous les trois mois, où ils avoient des propriétés. » (¹) On engagea cependant le sieur de Comont à se pourvoir devant le district de Boulogne. Rien ne prouve qu'on fit droit à ses réclamations.

Le commissaire du district avait aussi voulu, à plusieurs

_____

(1) Reg. du cons. génér. de la commune.

reprises, s'emparer des biens de la famille Bertout qui se trouvaient sur Niembourg, comme appartenant à l'abbé Bertout réfugié en Angleterre ; et il fallut un certificat signé de l'agent national Leleu et de l'adjoint Fauchois pour prouver que ces biens étaient la propriété de Suzanne Bertout, mariée au sieur Charles-Robert, cultivateur, domicilié dans la commune (¹).

Les biens que la famille possédait à Frencq furent mis sous séquestre ; et nous avons entre les mains une reconnaissance du receveur des domaines nationaux à Étaples, à la date du 15 nivose an III, qui certifie « avoir reçu de la veuve Faignant la somme de quarante-huit livres pour deux années de redevance de deux mesures de terre qu'elle occupe à Frencq, provenant de Bertout, prêtre déporté. »

En même temps que la Nation s'emparait des biens des émigrés et des moines de Longvillers, le district avait ordonné de faire l'inventaire « des ornements, vases sacrés et tous autres objets mobiliers servant au culte dans l'église d'Halinghem. » Le 16 frimaire an II (6 décembre 1793), les agents du district vinrent enlever l'argenterie de l'église, consistant, nous disent les registres aux délibérations de la commune, « en un calice, un ciboire, un soleil, deux boîtes aux Saintes-Huiles et un petit cœur d'argent, le tout pesant deux marcs, cinq onces et deux gros. » Déjà, nous apprend la même délibération, l'agent national près la commune de Samer avait fait enlever « tout ce qu'il y a de cuivre, entre autres deux chandeliers et une croix soufflée en argent venant de la

(1) Pièce officielle du 20 pluviose an IV.

ci-devant chapelle de St-Hubert, huit chandeliers, quatre croix, un encensoir, une navette et un seau à l'eau bénite, le tout en cuivre, et l'on n'a rien pesé. »

Il n'y eut aucune protestation. Ne fallait-il pas satisfaire à la loi et concourir à l'affermissement de la République, par le sacrifice de tous les objets superflus ?

Cependant un agent du pouvoir révolutionnaire ayant voulu, pour en spéculer, s'emparer du tombeau romain qui servait de fonts baptismaux, l'agent national de la commune s'y opposa énergiquement, donnant pour raison qu'il ne pouvait laisser enlever de l'église aucun objet, sans un ordre du district (1793). (¹)

Quelques mois plus tard, de chauds patriotes de Samer et de Lacres, trouvant sans doute que les habitants d'Halinghem étaient trop modérés, vinrent leur apprendre à aimer la République et à célébrer le culte de la Raison. Ils réunirent les habitants sur la place, firent dresser un bûcher et y brûlèrent des statues de saints et quelques livres de chant qu'ils trouvèrent dans l'église. Ils forcèrent même les habitants craintifs et consternés à faire, autour de ce bûcher, au chant de la *Marseillaise* et du *Ça ira*, une de ces rondes infernales et de ces danses civiques qui devaient témoigner que désormais les habitants d'Halinghem étaient à la hauteur de la Révolution. Ce fut un spectacle lamentable dont le pays a conservé le souvenir.

Ce n'était pas assez d'avoir arraché du sanctuaire les statues des saints, il fallait encore ôter à l'édifice son caractère sacré. L'agent national, « par ordre supérieur »

(1) Bertrand, précis de l'hist. de Boulogne et de ses environs, t. II p. 36.

ordonna de transformer la nef en salpétrière ; le chœur resta comme salle des séances du Conseil-Général de la commune (1).

(1) Arch. de la comm. — Reg. aux délibérations.

IX.

**Halinghem sous la Terreur.—Disette à Halinghem.
— Prêtres missionnaires envoyés par Monseigneur Asseline, évêque de Boulogne. — Élections municipales. — Arbre de la Liberté. —
Concordat.**

Le culte constitutionnel, après avoir subi diverses humi-
liations, avait été supprimé, et la France n'avait plus à
adorer que la déesse Raison. Dieu chassé de son temple
allait devenir une abstraction sous le nom d'*Être-Suprême.*
L'église ne fut pas arrangée pour le nouveau culte inventé
par Robespierre et la Convention; elle n'eut pas à entendre,
comme à Samer, les déclamations des patriotes, les excen-
tricités des démagogues et les folies des tribuns populaires :
seulement une main inconnue traça, un jour, avec de la
craie, cette inscription sur le portail : « *Le peuple français
reconnaît l'existence de l'Être-Suprême et l'immortalité de
l'âme.* » L'agent national donna ordre d'effacer cette
inscription; on se demandait si elle n'était pas séditieuse !
Tous ceux qui n'avaient point intérêt à désirer l'anar-

chic étaient attérés. La rapidité avec laquelle les événements se précipitaient, depuis la mort de Louis XVI, laissait entrevoir des scènes monstrueuses. Chacun tremblait et cherchait à se faire oublier. Les honnêtes gens reculaient devant la responsabilité des charges publiques. Le principal magistrat municipal d'Halinghem voulait donner sa démission ; le citoyen Charles Robert refusait d'être agent national, « malgré le désir populaire, » donnant pour raison qu'il ne pouvait occuper ce poste « attendu qu'il est frère utérin de la femme du citoyen maire. » (1) Sur le refus de Charles Robert, Jacques Prevost fut nommé agent national, le 15 floréal suivant (4 mai 1795).

Il y avait cependant danger de refuser de servir la République ; on pouvait être accusé de *modérantisme* et c'était, à cette époque, un grand crime. Quelques mois auparavant, Joseph Le Bon, membre de la Convention, avait été envoyé par le Comité du Salut-Public, en mission dans le Pas-de-Calais, pour y réchauffer le patriotisme des habitants. Il était venu à Boulogne, jetant l'effroi et la crainte dans tous les cœurs. On avait dressé des listes de suspects, et les arrestations se succédaient sans relâche ; lui-même écrivait aux juges du tribunal du district : « Considérant que la plupart des comités de surveillance « des campagnes sont composés ou de riches qui tracassent « les pauvres, ou de pauvres qui tracassent les riches, et « que par conséquent les arrestations sont mal faites ou « absolument négligées......... Nous décidons que le

(1) Délibération du 16 germinal an III (5 avril 1795).

« comité de surveillance de Boulogne est autorisé à arrêter
« les hommes suspects dans toute l'étendue du district. »(1)

Il fallait peu de chose pour être considéré comme
ennemi de la République, et chacun avait besoin de veiller
à soi ; un mot, un geste rendait suspect, et la délation
avait cessé d'être une lâcheté. Dans de telles circonstances,
la conduite du citoyen Robert dénote une énergie rare ;
il pouvait, s'il avait été dénoncé, porter sa tête sur
l'échafaud, d'autant plus qu'il était beau-frère d'un prêtre
émigré, qu'il donnait parfois l'hospitalité à des prêtres
non assermentés, et que souvent on avait dit la messe
dans une de ses granges.

Une question plus grave vint faire diversion, en agitant
tous les esprits ; la disette s'imposait avec une attitude
menaçante et grosse de dangers. Chaque semaine la municipalité de Boulogne envoyait des députés dans les communes rurales solliciter, et au besoin requérir, l'envoi
d'approvisionnements. Des détachements de citoyens armés
parcouraient les villages, plusieurs jours de suite, sans
trouver un seul setier de blé. Les fermiers qui avaient pu
en cacher quelques-uns refusaient de les vendre pour des
assignats dont la valeur était chaque jour de plus en plus
dépréciée. On était journellement assailli de malheureux qui allaient par bandes et demandaient avec
menaces, non de l'argent, mais du pain.

La municipalité fit tous ses efforts pour porter remède
à cette grande misère ; mais sans succès. Le 22 germinal
an III (11 avril 1795), elle porte devant les membres du

---

(1) Hist. de Boulogne, cit. t. II, p. 106.

district les réclamations des citoyens d'Halinghem et leurs plaintes « de ce que les réquisitions ont été tellement fortes (1), malgré la mauvaise récolte......... qu'il n'y a plus d'avoine dans le pays pour semer les terres. » La réclamation de la municipalité se termine par une demande, à la commission d'approvisionnement, de venir au secours des pauvres de la commune (2).

Dans une délibération du 21 messidor de la même année (9 juillet 1795), il est dit que « 136 individus sont sans pain ; qu'il n'est pas possible de s'en procurer par aucun moyen et qu'il n'y a personne dans la commune qui puisse leur en donner. » Le conseil demande donc au district, « au nom de l'humanité souffrante, » de lui envoyer des subsistances pour une décade, prévenant l'administration que la décade suivante « il y aura un plus grand nombre d'individus à secourir. » Nous voyons ces demandes se renouveler sans cesse dans le registre aux délibérations (3).

Le 24 thermidor (11 août 1795), les habitants qui devaient monter la garde à la batterie installée sur le mont St-Frieux, refusèrent de se rendre à leur poste. « Ils sont prêts à faire le service, dit la délibération, mais ils n'ont pas de pain et pas d'argent pour en acheter. Si on

---

(1) Les registres du conseil général de la commune de Samer relatent à chaque instant des réquisitions à faire à Halinghem et le mauvais vouloir des habitants qui refusent d'obtempérer aux ordres qu'ils ont reçus.

(2) Arch. municip.

(3) Ibid.

veut les avoir, qu'on leur donne du pain. » (1).

Pour répondre à toutes ces plaintes et venir au secours d'une si grande misère, le district de Boulogne ne trouvait pas d'autre moyen que d'envoyer un de ses commissaires, le citoyen Leroy, avec une escorte armée, afin de faire des perquisitions chez tous les habitants et savoir s'ils ne cachaient pas de grains. Tristes mesures qui n'étaient jamais exécutées sans l'accompagnement obligé de violences, de rapines et de brigandages. Les cultivateurs chez lesquels on trouva du blé furent forcés de le porter sur le marché de Boulogne (2). Ce n'était guère le moyen de donner du pain à la population d'Halinghem qui était affamée.

Le malaise était général et la réaction commençait à lever la tête. Dans nos campagnes, on n'entendait que des murmures et ceux qui, dès le principe, avaient acclamé le nouvel état des choses, étaient insensiblement ramenés dans le camp ennemi par les souffrances qu'ils enduraient et les mesures violentes adoptées contre les honnêtes gens. De plus, le trouble produit dans les consciences par l'exil du clergé, la fermeture des églises et la privation des sacrements avaient porté l'exaspération à son comble.

Il était même défendu à tout citoyen de suivre, jusqu'à leur dernière demeure, les restes de leurs parents et de leurs amis. On était obligé de réprimer ses affections les plus légitimes, enterrer ses morts à la mode républicaine,

(1) Ibid.

(2) Cf. Délib. du conseil génér. de la commune.

jeter à la hâte un grossier cercueil dans un trou creusé à cet effet, recouvrir la fosse et s'éloigner sans oser dire une prière pour le repos de l'âme du mort. Le cimetière avait été dévasté, les croix, que la tendresse ou la piété des vivants avaient élevées, en souvenir de ceux qui n'étaient plus, avaient été brisées et dispersées çà et là. La tristesse était dans tous les cœurs.

Heureusement quelques prêtres dévoués venaient parfois apporter en secret, aux habitants d'Halinghem, les consolations de leur saint ministère. Beaucoup avaient dû chercher sur la terre étrangère un asile hospitalier ; mais il s'en trouva, hommes de dévouement et de cœur, qui crurent devoir être plus utiles en restant cachés au milieu des populations.

Au péril incessant de leur vie, ils célébraient, au milieu de la nuit, le saint sacrifice, dans des granges ou des greniers, baptisaient, instruisaient les enfants et remplissaient toutes les charges du ministère pastoral. Que de dangers dans leurs courses nocturnes, le plus souvent sans guide, à travers champs, pour aller porter les derniers sacrements aux malades. Il fallait se faire connaître, et il n'était pas facile de trouver alors courage et discrétion.

Nous sommes heureux de sauver de l'oubli les noms de ces saints prêtres et de faire connaître, en même temps, les personnes qui vinrent à leur secours et les aidèrent dans la tâche si difficile et si pénible qu'ils avaient entreprise. Les Bertout, les Robert et les Leleu recueillaient ces ecclésiastiques, cachaient les ornements et les vases sacrés, se faisaient leurs émissaires et ouvraient leur maison pour la célébration des saints mystères. Leur noble dévouement pendant ces mauvais jours, mérite les plus grands éloges.

Parmi les prêtres qui rendirent des services à la paroisse d'Halinghem pendant la première période de la tourmente révolutionnaire, nous ne connaissons que M. Persuanne, ancien curé de Frencq et Halinghem ([1]), et l'abbé Bertout qui, forcé de fuir Paris, était venu se cacher chez ses parents, à Niembourg. Dénoncés, ils furent obligés de partir pour l'exil. L'abbé Bertout s'embarqua à Boulogne pour l'Angleterre, le 13 septembre 1792. ([2]).

Après eux, nous trouvons plusieurs prêtres qui exercèrent leur ministère avec des pouvoirs de Monseigneur Jean-Réné Asseline, évêque de Boulogne, lorsque ce savant prélat organisa son diocèse sur le pied de mission. Claude-Pierre-Louis-Marie Poulain, *de Desvres* ([3]), ancien vicaire de Wimille, signe les actes de catholicité jusqu'à la fin de 1796 ; Nicolas-Isidore Duval, de *Neuville-sous-Montreuil* ([4]), prêtre missionnaire chargé de Frencq, Halinghem, Camiers, Le Faux, Étaples et Courteville, les signe de 1796 à 1800.

Cet hommage que nous sommes heureux de rendre aux prêtres qui se sont dévoués pour notre population pendant

---

(1) Après le Concordat, M. Persuanne fut du très-petit nombre des prêtres à qui Monseigneur de la Tour-d'Auvergne rendit leur ancien poste. Il mourut à Frencq, âgé de 75 ans, le 18 juillet 1811.

(2) Sur l'abbé Bertout voir plus haut. P. 77 et Sq.

(3) Il avait été ordonné le 5 juin 1784. — Arch. de l'évêché de Boulogne.

(4) Ordonné le 20 mars 1790, il fut nommé vicaire de St-Nicolas, de Boulogne, avec le titre de chapelain du nom de Jésus ; il reçut de Monseigneur Asseline des lettres de missionnaire, en 1796. — Arch. de l'évêché de Boulogne.

la tourmente révolutionnaire, nous a éloigné de notre sujet. Reprenons la suite de notre récit.

Le régime de la Terreur était arrivé à son terme ; Robespierre venait de monter sur l'échafaud et la lutte était ardente entre les factieux et les hommes honnêtes qui voulaient arracher la nation à l'anarchie sanglante où elle se débattait depuis la proclamation de la République. La Convention avait cessé d'exister et avait été remplacée par le Directoire. Il fallut procéder à la reconstitution de la municipalité ; les élections eurent lieu à Halinghem, le 15 brumaire an IV (6 novembre 1795). Le citoyen Leleu fut nommé agent municipal, autrement dit président de l'administration municipale : le titre de maire n'existait plus, et Jacques Fauchois lui fut adjoint en remplacement de l'agent national (1).

Cette élection n'eut pas les résultats que la population désirait. Antoine Leleu refusa le nouveau titre qui venait de lui être conféré par le suffrage universel : « Il était maire, disait-il, depuis le commencement de la République et il voulait se retirer. » Malgré les sollicitations pressantes des hommes les plus importants du pays, on ne put le faire revenir sur sa détermination. La place resta donc vacante jusqu'au 10 germinal an VI (30 mars 1798), seulement, en attendant un successeur, l'ancien maire continua de régler les affaires de la commune sous le titre de président provisoire (2).

(1) Reg. aux délibérations de la commune.

(2) Ibid.

Sur ces entrefaites, un événement qui, quelques années plus tôt, aurait pu avoir des conséquences désastreuses, eut lieu à Halinghem. Pendant la nuit du 15 floréal an IV (4 mai 1796), une personne inconnue coupa *l'Arbre de la Liberté* qui avait été planté sur la place du village. Le lendemain Jacques Fauchois fit réunir, de bonne heure, toute la population en assemblée générale, dans l'église, afin de connaître le coupable. Ce crime, dans le code révolutionnaire, était d'une nature très-sérieuse, et quelque léger qu'il puisse paraître, il avait été le sujet de bien des victimes. On n'avait pas oublié qu'une ville du midi de la France avait été brûlée sur un ordre de la Convention, pour expier l'imprudence de quelques habitants qui avaient coupé un *arbre de la Liberté*...... mort. Plus de soixante personnes furent guillotinées comme complices.

La Convention n'existait plus, il est vrai, mais le coupable ne crut pas prudent de se faire connaître. Les habitants effrayés décidèrent de planter de suite un nouvel *arbre de la Liberté*, espérant ainsi conjurer le péril. Le citoyen Leleu donna un arbre, et la « plantation eut lieu le même jour, avec toute la solennité possible, » dit la délibération municipale [1]. Le silence des registres de la commune nous laisse supposer que cette affaire n'eut pas de suites fâcheuses.

Le 10 germinal an VI (30 mars 1798), vit de nouvelles élections municipales à Halinghem. Les habitants reconnaissants des services que le citoyen Leleu leur avait rendus pendant la période révolutionnaire, et confiants dans sa

[1] Arch. municip.

fermeté et sa prudence le nommèrent de nouveau, malgré
ses refus réitérés, agent municipal. « Le peuple persiste,
dit le registre aux délibérations, dans son désir de le voir
à la tête de la municipalité, mais lui persiste à refuser. »
On ne pouvait cependant pas rester dans le provisoire et
l'on nomma « quoiqu'à regret » Pierre-François Trollé (¹).

Ce magistrat fit tous ses efforts pour ramener un peu
d'ordre dans le budget de la commune, obérée par les
sacrifices qu'elle avait dû faire pendant la disette des
années précédentes. La tâche était difficile, les habitants
avaient tellement souffert que bien des terres étaient
restées en friche. La pauvreté était extrême, la rentrée des
contributions s'effectuait difficilement.

Nous avons retrouvé, à ce sujet, une lettre d'un agent
des contributions directes, adressée au percepteur de la
commune d'Halinghem, et nous ne pouvons résister au
plaisir de la citer ; l'entrée en matière n'est pas sans
intérêt.

    « Citoyen,

    « La rentrée des contributions est au corps politique ce
» que la nourriture est au corps de l'homme. Sans argent
» point de gouvernement. Vous seriez donc bien coupable
» si, par votre négligence, les impôts ne se recouvroient
» pas. Aussi, surveillant né des recouvrements, je sauray
» déployer toutes les rigueurs que la loy met entre mes
» mains contre ceux des percepteurs qui ne feroient pas

(1) Ibid.

8

» les diligences nécessaires......... Il est tems qu'ils se
» mettent en règle, s'ils veulent éviter d'être traduits au
» tribunal correctionnel, comme détenteurs des deniers
» publics.

» Zèle, probité et activité, ce ne sera qu'à ces marques
» que je sauray mesurer le degré de votre dévouement à
» la chose publique.

    » Salut et fraternité.

        » NOULART.

» Samer, 23 nivôse an VII (12 janvier 1799). » (¹)

Le même fait se reproduit l'année suivante et l'on
avertit le percepteur que s'il ne montre pas plus de zèle,
« il sera employé contre lui des moyens de rigueurs. »
La position était difficile. Que pouvait faire le percepteur
au milieu d'une population ruinée par la misère? (²)

Pierre-François Trollé ne resta pas longtemps à la tête
de la commune. Un nouvel ordre de choses s'établissait en
France avec le 18 brumaire (9 novembre 1799); on allait
se jeter aveuglément sous la dictature militaire, la
seule chose qu'on n'eût pas encore épuisée. Le général
Bonaparte essayait de reconstituer la société et de mettre
les institutions en harmonie avec les aspirations du pays.
L'administration des départements fut confiée à des pré-
fets, celle des arrondissements à des sous-préfets et celle
des communes à des maires nommés par le pouvoir.

---

(1) Ibid. — Lettre du 2 ventose an VIII (21 février 1800).

(2) Arch. comm.

Dans le remaniement qui eut lieu alors, Halinghem resta attaché à l'arrondissement de Boulogne et au canton de Samer. Le 20 thermidor an VIII (8 août 1800), Antoine Leleu reparaît comme maire, et Pierre-François Trollé comme adjoint (1).

Un grand événement se préparait. Les sentiments religieux des populations auxquels on avait imposé silence, sans pouvoir les étouffer, ne voulaient plus rester sans aliment. Chacun redemandait le culte de ses pères et la liberté de la prière. Déjà la Convention avait dû subir la pression publique, et par décret du 30 mai 1795, elle avait autorisé la réouverture des églises, laissant toutefois leur entretien et les frais du culte à la charge des citoyens. Halinghem profita de cette autorisation aussitôt qu'il put ; les prêtres étaient encore rares. Nous trouvons dans le registre aux délibérations que l'on avait célébré la messe le 8 frimaire an v (28 novembre 1796). On constate le fait, mais on ne dit pas que c'était la première fois.

Bien des entraves s'opposaient encore au libre exercice du culte. Le premier Consul voulut porter remède à ce mal et bientôt le Concordat, passé avec sa Sainteté le Pape Pie VII, ne tarda pas à mettre le sceau à la réaction religieuse. Un long cri de joie retentit partout en France et l'enthousiasme public accueillit ce grand acte comme le gage de la paix religieuse. Il est vrai que le Concordat supprimait le diocèse de Boulogne, mais cette douleur, quoique bien vive, s'effaçait devant la joie de revoir les prêtres remonter publiquement à l'autel et répandre de

(1) Idid.

nouveau, au milieu des populations, les consolations de la religion.

Halinghem fit partie du nouveau diocèse d'Arras, et resta attaché au doyenné de Samer. Les circonstances étaient favorables au projet si cher aux habitants de notre village : l'érection de leur commune en succursale. Nous allons voir la municipalité s'occuper sans relâche de cette question si importante pour ses administrés (¹).

Vers cette époque, un nouveau changement eut lieu dans le Conseil municipal. Le 4 ventôse an XI (23 février 1803), Pierre-François Trollé fut nommé maire et Jean Calique, adjoint. Ce dernier donna bientôt sa démission et fut remplacé par Pierre Anquer (²), le 2 germinal de la même année (23 mars 1803).

(1) Prêtres missionnaires chargés d'Halinghem : 1800, François-Alexis Allan. — 1801, Blin et Delahaye.—1802, François-Alexis Allan.

(2) Arch. municip.

X.

Halinghem fait partie du diocèse d'Arras. — État misérable de l'église.—Annexion de Nesles. —— Débats avec Widehem. — Érection d'Halinghem en paroisse. — Jean - François Robitaille, premier curé.—Lettre de Monseigneur de La Tour d'Auvergne. — Refonte de la cloche.—Réunion de Widehem à Halinghem. — Jean-Marie Peuvion, second curé. —Construction d'un presbytère.

––––––

Un vaste champ était ouvert au zèle et au dévouement du nouvel évêque d'Arras, Hugues-Robert-Jean-Charles de La Tour d'Auvergne, nommé depuis le 19 germinal an x (9 avril 1802). Dans son amour pour le salut des âmes ce jeune prélat s'empressa de travailler, de concert avec l'autorité départementale, à la réorganisation des paroisses de son diocèse. Le moment était favorable ; la municipalité d'Halinghem fit donc de pressantes démarches auprès de l'évêque et du préfet et mit tout en œuvre pour obtenir l'érection de la commune en paroisse. Les projets de l'administration diocésaine paraissent cependant avoir été en opposition avec le vœu de la population ; à cause de son peu d'importance, on comptait annexer Halinghem à une des paroisses voisines. En attendant, on lui enjoignait l'ordre de réparer l'église et de prendre les moyens nécessaires pour subvenir aux dépenses du culte.

Des réunions du conseil eurent lieu à cet effet, le 4 floréal an XI (24 avril 1803), et le 3 fructidor (21 août) de la même année ; le budget de la commune était en déficit de 65 francs. Toutefois on vota 350 francs pour les réparations urgentes à exécuter à l'église ; 150 francs comme allocation du desservant de la succursale « dont Halinghem fait partie » dit le registre aux délibérations ; 60 francs pour achat « des objets nécessaires au culte. » C'était bien peu pour réparer tant de ruines, mais la commune était si pauvre ; encore fallut-il, pour arriver à ce résultat, demander l'autorisation de s'imposer extraordinairement. Tous les habitants étaient disposés à faire de plus grands sacrifices, à la seule condition d'avoir le curé dans la commune.

L'évêque d'Arras avait bien exprimé l'intention d'ériger Halinghem en succursale et d'y annexer Nesles, mais rien n'avait été décidé. Le Conseil municipal d'Halinghem voulut cependant protester contre cette annexion : nous trouvons la preuve de cette protestation dans la délibération du 4 thermidor an XII (23 juillet 1804). Il y est dit : — nous citons textuellement, — « C'étoit chose impraticable, à cause de la difficulté des chemins et la distance qui est plus d'une mortelle lieue d'une église à l'autre. Joint à cela, c'est qu'une chaîne de montagne qui .

sépare le Haut-Boulonnais d'avec le Bas-Boulonnais coupe les deux communes. Puis toute la difficulté du chemin, surtout dans la rigueur de l'hiver, qui rend cette montagne impraticable à cause des bancs de neige qui s'y ramassent et les verglas qui rendent cette montagne quelquefois inaccessible. »

La protestation se termine en demandant l'érection d'Halinghem en succursale, avec Widehem et la ferme de Pitendal comme annexe. Cette prétention paraît assez exagérée, car Widehem qui, au commencement de la Révolution, avait obtenu la cure en s'annexant Halinghem et Pitendal, avait, après le Concordat, travaillé pour conserver cet avantage et avait du moins réussi à être érigé en succursale. Déjà à la fin de 1802, nous voyons Marc-Louis-Adrien Clément, *de St-Omer*, signer les registres de catholicité comme curé de Widehem. De plus, la municipalité de cette commune demandait, de son côté, dans sa délibération du 3 thermidor an XII (22 juillet 1804), l'annexion d'Halinghem à Widehem. Il est dit dans sa délibération : « Nous avons une église assez convenable ; nous n'avons point, il est vrai, de presbytère, mais nous offrons un logement au desservant. » (1)

Les deux communes se trouvaient à peu près dans les mêmes conditions ; il n'y avait pas de presbytère ni d'un côté ni de l'autre, mais l'avantage paraissait être pour Widehem qui possédait un curé et était considéré à l'évêché comme succursale. Widehem fournissait un logement à son curé ; pour rivaliser de zèle, ou plutôt de peur d'être

(1) Regist. aux délib. du conseil municip. de Widehem.

annexe à Widehem, Halinghem s'empressa d'offrir au préfet et à l'évêque de bâtir un presbytère, « sur un terrain convenable » ; et pour montrer sa bonne volonté votait, de nouveau, malgré le mauvais état de ses finances, la somme de 150 francs pour réparer l'église. La commune était en dette de 345 francs 79 centimes (¹). Le 18 brumaire (9 novembre 1804), un ouragan enlevait une partie de la toiture; mais le sieur Leleu avançait les fonds nécessaires pour exécuter les réparations urgentes (²).

L'offre de la construction d'un presbytère engagea Monseigneur de La Tour d'Auvergne à prendre en considération la demande de la municipalité d'Halinghem. L'année suivante, la commune vit la réalisation d'une partie de ses espérances les plus chères, elle fut érigée en succursale, avec Nesles comme annexe ; et l'évêque y nomma desservant, à titre définitif, un ancien religieux bénédictin de l'abbaye de Blangy, Jean-François-Joseph Robitaille (13 juin 1805). (³) Pendant ces débats, nous trouvons comme desservants provisoires : François-Alexis Allan, en 1803 ; François Beugin, en 1804, et Adrien Clément, curé de Widehem, en 1805 (4).

Le nouveau curé fut reçu avec les témoignages de la joie la plus vive ; longtemps privés de prêtres, les habi-

---

(1) Arch. d'Halinghem.—Reg. aux délibérations.

(2) Ibid.

(3) Jean-François Joseph Robitaille, né à St-Omer, le 11 mars 1753, jouissait d'une pension ecclésiastique de 266 fr. 66 c. (tiers net.) — Arch. de l'évêché d'Arras.

(4) Reg. de catholicité.

tants comprenaient tout l'avantage religieux qu'ils pourraient retirer de la résidence du curé au milieu d'eux. On se hâta de terminer les réparations de l'église et l'on vota, à cet effet, une somme de 1,000 francs, plus 236 fr. « pour le mobilier et autres frais du culte » et une indemnité de logement au curé, le presbytère n'étant pas encore construit (¹).

Le 8 novembre 1806, Pierre-François Trollé, qui avait donné sa démission de maire, était remplacé par Charles Robert. Le nouveau maire fit travailler activement aux réparations de l'église ; les délibérations de cette époque relatent sans cesse de nouvelles sommes votées à cet effet. L'autorité départementale crut même devoir rappeler au maire que toutes ces dépenses n'étaient pas justifiées. La réponse du magistrat municipal se trouve dans la délibération du 12 mai 1807 ; il y est dit : « que les écroulements se sont succédé et qu'il a fallu réparer par économie, quand le besoin y était, pour épargner la chute totale dudit bâtiment. »

En entrant dans tous ces détails, nous avons voulu montrer le mauvais état dans lequel se trouvait l'église, et par là légitimer les efforts tentés par les successeurs de M. Robitaille, pour la reconstruction complète de ce pauvre édifice qui tombait sans cesse en ruines et ne pouvait jamais être restauré convenablement.

Revenons aux difficultés suscitées par l'union d'Halinghem avec Nesles. La commune d'Halinghem avait bien été érigée en succursale, mais Nesles restait toujours uni à

---

(1) Budget de l'an XIV. — Arch. comm.

elle comme annexe ; tandis que les habitants désiraient
voir se réaliser un ancien projet de Monseigneur de Partz
de Pressy, évêque de Boulogne, projet qui consistait à unir
Widehem et la ferme de Pitendal à Halinghem (¹). Cha-
cune des deux municipalités réclamait devant l'autorité
épiscopale et rien ne se décidait. Enfin, à la date du 14
août 1805, Monseigneur de la Tour-d'Auvergne écrivait à
M. Robitaille :

« Pour obvier à toutes les réclamations qui me sont
« faites de toutes parts, à l'occasion de la réunion
« d'Halinghem à Nesles, je vous écris aujourd'huy pour
« vous engager à me mander par vous-même, si les incon-
« vénients qui ont résulté de cette réunion, auraient lieu
« aussi, si on réunissait Nesles à Neufchâtel; si on laissait
« Halinghem seul, ou si on y joignait Widehem, quoiqu'il
« soit du canton d'Estaples. Enfin si Dannes, quoique
« très-petite paroisse, peut rester seul.

« Je suis presque convenu avec M. Denissel de ce que
« je vous propose, mais je ne veux pas prononcer avant
« d'avoir votre avis. Donnez-le-moi le plus tôt possible et
« croyez-moi avec attachement. (²)

« † Ch. Év. d'Arras. »

La réponse du curé d'Halinghem touche trop à l'histoire

(1) La ferme de Pitendal avait été détachée de Dannes, en 1792, à cause de son
éloignement et annexée à Widehem.

(2) Arch. de l'église d'Halinghem.

des paroisses avoisinantes, pour que nous ne la transcrivions pas en entier :

« Je prie Sa Grandeur de m'excuser si je n'ai point
« répondu plus tôt à celle qu'elle m'a fait l'honneur de
« m'écrire. Je n'ai reçu, Monseigneur, votre lettre que le
« 27 octobre, vers le soir, quoiqu'elle fût datée du 14
« août ; voilà le sujet de mon retardement.

« Pour obvier à toutes les réclamations qui ont été
« faites jusqu'à ce jour, à l'occasion de la réunion de
« différentes communes de notre voisinage, voici tous les
« renseignements que son serviteur peut donner à Sa
« Grandeur et même sans partialité.

« J'ai l'honneur d'observer à Monseigneur qu'il y a
« une grande lieue d'Halinghem à Nesles et mauvais che-
« mins, un demi-quart de lieue de Nesles à Neufchâtel,
« trois-quarts de lieue de Neufchâtel à Dannes, un quart
« de lieue d'Halinghem à Widehem et beau chemin (¹),
« un quart de lieue de Dannes à Camiers, une lieue de
« Camiers à Lefaux, une demi-lieue de Lefaux à Estaples,
« et une grande lieue de Dannes à Widehem.

« Par conséquent, puisque Sa Grandeur me fait l'hon-
« neur de me demander mon avis, j'estime qu'il convient
« pour la commodité des prêtres de réunir : 1° Nesles à
« Neufchâtel ; 2° Widehem à Halinghem, quoique de
« différents cantons, parce que Halinghem est très-peu de

---

(1) Le bon curé nous semble prendre son désir pour la réalité, et ne pas se rendre
bien compte des distances. L'église d'Halinghem est distante de l'église de Widehem
de plus de deux kilomètres par la *Voyelle du curé*, voyelle impraticable l'hiver.
Par la grande route, il y a plus de trois kilomètres.

« chose par soi-même, un chétif endroit, et Widehem
« incapable de pouvoir subvenir seul à la subsistance d'un
« prêtre ; 3° Dannes avec Camiers ; 4° et finalement
« Lefaux avec Estaples.

« Au surplus l'intention de feu Monseigneur de Pressy,
« évêque de Boulogne, a toujours été de réunir Widehem
« avec Halinghem, et ce sont encore aujourd'hui celles de
« M. Persuanne, vénérable pasteur de Frencq.

« Je suis, Monseigneur, de votre Grandeur, le très-
« humble, très-obéissant et très-soumis serviteur (¹).

» ROBITAILLE, desservant d'Halinghem. »

Ce projet soumis à l'autorité par le curé d'Halinghem
n'eut son exécution que quelques années plus tard ; et
M. Robitaille, qui avait travaillé à tout réorganiser, ne
put jouir de son œuvre : il quittait la commune d'Haling-
ghem, en 1808. Nommé vicaire de Desvres, il occupa peu
de temps ce poste et fut appelé à diriger la paroisse
d'Alincthun et Bellebrune (1809), et y mourut, le 23
mai 1824, à l'âge de 71 ans et 2 mois (²).

Après quinze années d'impiété, d'anarchie et de persé-
cution, il fallait une main habile pour cicatriser des
plaies si profondes, un zèle, une douceur, une charité à
toute épreuve pour ramener au bercail la brebis égarée,
pour encourager les volontés faibles, détruire les défiances

(1) La copie de cette lettre se trouve au registre des délibérations du conseil
municipal.

(2) Arch. de l'évêché d'Arras. — Nécrologe d'Arras.

et se concilier l'estime de tous. Ce résultat fut l'œuvre de
M. Robitaille. Quelques années lui suffirent pour remettre
la religion en honneur et rendre au culte son éclat. Son
départ fut un deuil public.

C'est vers cette époque que fut fondue l'ancienne cloche
de l'église. La délibération du 14 mai 1809 nous fait
connaître que cette cloche qui avait traversé sans encom-
bre la tourmente révolutionnaire « était hors d'état de
servir et de plus trop petite et qu'il faut y ajouter 50 kilos
de matière. » La dépense totale devait s'élever à la somme
de 315 francs, votée à l'unanimité par le Conseil.

Voici l'inscription :

ALEXANDRE LELEU. JE SUIS NOMMÉE FRANÇOISE
SOPHIE PAR CHARLES-FRANÇOIS TROLLÉ MON PARRAIN
ET PAR SOPHIE LELEU MA MARRAINE.

CHARLES ROBERT, MAIRE, PIERRE ANQUER, ADJOINT
ET MARGUILLER, ANTOINE LELEU, MARGUILLER, PIERRE-
FRANÇOIS TROLLÉ, MARGUILLER.

J'APPARTIENS A LA COMMUNE D'HALINGHEM. FONDUE
PAR GARNIER ET DROUOT L'AN 1808.

Après le départ de M. Robitaille, la paroisse fut confiée
aux soins de MM. Clément, curé de Widehem, et Lemaire,
curé de Tingry, comme desservants provisoires. Le 6 février
1809, l'évêque d'Arras y envoya, comme curé, Jean-
Baptiste-Guillaume Wezelier, qui resta peu de temps (1).

(1) J.-B. Guillaume Wezelier, né le 17 septembre 1769, recevait, comme ancien
religieux, une pension ecclésiastique de 266 fr. 66 c. (tiers net). — Arch. de l'évêché
d'Arras.

Le projet d'annexion de Widehem à Halinghem, présenté à Monseigneur de la Tour-d'Auvergne, par M. Robitaille, avait soulevé des difficultés. Les habitants de Widehem avaient réclamé auprès du préfet du Pas-de-Calais, le baron Lachaise, général de brigade, afin de conserver leur titre de succursale. Le préfet avait même, dès le principe, appuyé leurs réclamations et proposé que l'on fît droit à leur demande. Plus tard, il revint sur l'avis qu'il avait émis, et dans une lettre du 15 octobre 1809, il propose la suppression de la succursale de Widehem et sa réunion à Halinghem.

« Le changement que j'ai fait à mon premier avis, — « dit-il dans sa lettre, — est motivé sur ce que la com- « mune d'Halinghem a été autorisée à construire un « presbytère, ce qui lui donne droit au chef-lieu en cas « de réunion des communes de Widehem et d'Halinghem « en une seule succursale. » (¹)

L'année suivante parut un décret impérial du 27 décembre 1810, qui annexait définitivement Widehem à la succursale d'Halinghem. Ce décret portait :

« Art. 1ᵉʳ. — La succursale établie dans la commune de Widehem, canton d'Estaples, est supprimée et cette commune est réunie à la succursale d'Halinghem, canton de Samer.

« Art. 2ᵐᵒ. — Le présent décret aura son effet à compter du 1ᵉʳ avril 1811. » (²)

(1) Arch. comm.

(2) Ibid.

Monseigneur de la Tour-d'Auvergne, pour rendre la transition plus facile, nomma, le 29 décembre 1810, à la cure d'Halinghem, Jean-Marie Peuvion, curé de Widehem (1), qui faisait l'intérim depuis un an. Après le départ de M. Robitaille, la paroisse était restée sans titulaire; l'abbé Wezelier, comme nous l'avons vu plus haut, ne fit que passer et les secours religieux étaient donnés par les curés de Widehem et de Tingry.

Ce fut sous l'administration de M. Peuvion qu'on construisit le presbytère. Déjà au 14 mai 1808, la municipalité demandait au préfet l'autorisation de bâtir, « sur un terrain de 20 verges appartenant à la commune et situé près du cimetière. » En même temps elle présentait comme voies et moyens, une souscription volontaire faite dans la commune et s'élevant à la somme de 1,781 francs 66 centimes. Le ministre de l'Intérieur n'accorda cette autorisation qu'à la fin de l'année 1809. La saison était trop avancée pour commencer les travaux; on attendit le printemps suivant (2).

La formalité de l'adjudication eut lieu le 15 février 1810 et les travaux furent accordés pour la somme de 1,580 fr. à Joseph Lacroix, serrurier à Samer, et à Pierre-Marie-François Mégret, maçon à Widehem. L'autorité supérieure trouva un vice de forme dans l'adjudication et l'annula. Une seconde adjudication eut lieu le 28 avril et ne fut pas plus heureuse.

(1) Jean-Marie Peuvion, né à Bourthes, le 11 décembre 1764, fut ordonné le 27 mai 1809, et nommé de suite curé de Widehem.—Arch. de l'évêché d'Arras.

(2) Arch. de la comm.

La lettre du sous-préfet de Boulogne, à la date du 17 mai 1810, permettra aux lecteurs de juger les graves raisons émises par ce magistrat et leur fera comprendre les murmures soulevés dans la commune par tous ces retards. Nous allons la transcrire :

« Cette adjudication, M. le Préfet, ne me paraît pas
« devoir être approuvée pour les motifs suivants : 1° Rien
« n'annonce qu'il ait été fait et apposé des affiches, ni
« que l'adjudication ait été annoncée autrement qu'au
« son de la cloche et au moment même où elle allait
« se faire; 2° Il n'y a eu ni concurrence, ni rabais; 3° On
« a ajouté au devis estimatif une dépense de 250 francs
« non autorisée par vous. 4° C'est M. l'Inspecteur des
« bâtiments civils qui paraît avoir opéré et rédigé le
« procès-verbal, tandis que cette fonction devait être
« exercée par M. le Maire en présence de M. l'Inspec-
« teur. » (¹)

Il fallut donc procéder à une troisième adjudication, le 10 juillet, devant François-Ignace-Marie de Gantés, inspecteur des bâtiments civils du département; les travaux furent adjugés à Joseph Lacroix pour la somme de 1,660 francs et l'adjudication approuvée le 27 juillet 1810 (²).

La construction ayant traîné en longueur, M. Peuvion continua de rester à Widehem; et quand le presbytère élevé en charpente fut entièrement terminé, il refusa

_____

(1) Ibid.

(2) Ibid. — Reg. aux délibérations.

d'en prendre possession, prétextant que le logement était malsain et peu convenable. En considérant la somme dépensée, nous sommes bien tenté de croire que le bon curé avait grandement raison ; il resta donc à Widehem tout en s'occupant d'Halinghem avec le plus grand zèle.

En 1820, il fit réparer la toiture de l'église, « emportée par un vent imprévu, » dit la délibération du conseil municipal. Quelques années plus tard, il mourait à Widehem dans une ferme occupée par les demoiselles Carpentier dit Lamotte, le 6 février 1825, à l'âge de 60 ans. Il fut inhumé dans le cimetière de cette commune, par M. Yvain, doyen de Samer, accompagné de MM. Jean-Baptiste Codron, curé de Camiers, et Louis Rault, curé de Frencq (1).

Simple dans ses goûts, M. Peuvion trouva le moyen, malgré les faibles ressources dont il disposait, de faire le bien. Son nom était respecté et béni de tous, surtout dans les chaumières désolées que sa main bienfaisante avait visitées, que son sourire paternel était venu éclairer d'un rayon d'espérance. Ce vénérable ecclésiastique vit la mort approcher, avec cette tranquillité que donne une longue vie, entièrement consacrée au service de Dieu et du prochain. En rendant son âme au Seigneur, il laissa à son peuple un exemple de douce et religieuse piété et à ses confrères le modèle des plus pures et des plus solides vertus.

Terminons ce chapitre en donnant, d'après des pièces

(1) Reg. de catholicité de Widehem.

officielles de cette époque, la nomenclature des différentes sortes de terres qui composent le territoire d'Halinghem. D'après le cadastre nous trouvons en 1818 : (1)

Terres labourables,	485	hectares	36	ares	60	centiares.	
Pâtures,	25	—	6	—	95	—	
Vergers,	8	—	65	—	85	—	
Jardins,	6	—	79	—	40	—	
Pépinières,	»	—	88	—	85	—	
Riez,	10	—	81	—	55	—	
Mares,	»	—	10	—	05	—	
Propriétés bâties,	4	—	56	—	20	—	
Divers,	»	—	9	—	60	—	
Total......	542	hectares	35	ares	05	centiares.	

D'autre part nous trouvons :

Routes et chemins,	11	hectares	10	ares	43	centiares.	
Cimetière,	»	—	6	—	45	—	
Bâtim^ts communaux,	»	—	1	—	95	—	
Jardins id.	»	—	1	—	20	—	
Total......	11	hectares	20	ares	03	centiares.	

En 1818 le revenu foncier était de.. 16,356 fr. 87 c.
En 1871 il était de..................... 17,516   64

Différence............. 1,159 fr. 77 c.

(1) Voir le plan de la commune dressé par M. Jules Lenté, instituteur d'Halinghem.

Grâce à une meilleure culture et à la suppression d'une grande partie des riez, les revenus augmentent chaque année. Le marc le franc étant de 21 fr. 70 c., il entre annuellement dans la caisse municipale 250 francs de plus qu'en 1818.

Les lieux dits de la commune d'Halinghem sont :

Longuigneul, Gambon, Pleindemme, Terre-Gamot, Trois-Cornets, Riez-à-Prêtres, Layette, Fosse-à-Cats, La Hode, Terre-Barbe, Rideau Teuteuille, Arrière-au-Cul, Pigeonnier, Côtière, Ployer, Le Bocquet, Courtil-Arnould, Carabin, Enviettes, Buisson Lagache, Morivaux, Pays-Reconquis, Courtil-Agathe, Haut-des-12, Tournier, Claire-Feuille, Quantième, Courtil-Daré, Courtil-Courtjean, Richemont, Le Voyue, Champs-de-Nesles, Le Crocq, Riche-Banc, Communette, Fosse-Picard, Pâture-à-Chênes, Morvaux, Fond-à-Cailloux, Fond-du-Pré, Fosse-à-Colliot, Riez de Mazinghem, Terre Ducat, Terre Caumont.

XI.

Invasion de 1814. — Épidémie. — Révolution de 1830. — Louis Louchet d'Héronval. — Construction d'un nouveau presbytère. — Travaux à l'église. — J.-B. Meurice.

———

De graves événements étaient venus jeter le trouble au milieu de la population d'Halinghem ; l'étoile de Napoléon avait pâli et la campagne de 1812 avait ouvert cette série de revers qui devait l'arrêter dans sa marche. Tous les sacrifices pécuniaires et l'impôt du sang poussé à l'extrême limite ne purent sauver l'Empire. Louis XVIII fut rappelé pour remonter sur le trône de ses pères ; mais la France vit son sol foulé par l'étranger (1814). Halinghem eut à sa charge un détachement de cavalerie anglaise. La présence de ces étrangers dans nos campagnes occupe encore une place importante dans les souvenirs des vieillards de notre village ; toutefois on s'accorde à rendre justice à la modération de nos ennemis. Il y eut quelques rixes avec les habitants, mais sans suites sérieuses.

A cette époque, les autorités municipales, Charles Robert, maire (¹), et Pierre Anquer, adjoint, eurent à réclamer dans bien des circonstances contre les nombreuses réquisitions qui étaient imposées à la commune d'Halinghem ; le plus souvent ils le firent sans succès. Les délibérations du conseil (²) relatent ces diverses réquisitions pour l'approvisionnement, non-seulement de Boulogne, Montreuil, Samer, mais encore de Calais, Dunkerque, Bergues et Cambrai. Les habitants murmuraient en vain; il fallait obéir. L'année suivante, Charles Robert ayant donné sa démission, Antoine Leleu fut nommé maire, par le préfet, le 11 mai 1817.

La misère était grande à Halinghem, à cause de la cherté du blé. Ce ne devait être, il est vrai, qu'une souffrance momentanée, la moisson de 1818 ayant grandement réparé le déficit de l'année précédente ; seulement une terrible épidémie, la fièvre typhoïde, qui vint à sévir dans le pays, empêcha les habitants de profiter de cette abondance. L'épidémie commença vers le mois d'avril 1818 et ne disparut que dans le cours de l'année suivante. La plupart des habitants furent atteints par le fléau ; et une délibération du conseil municipal nous apprend « qu'il ne restait plus personne pour sustenter les malades. »

Le maire fut obligé d'avoir recours au Gouvernement pour obtenir des secours. Le préfet du Pas-de-Calais envoya

(1) Maire depuis le 8 novembre 1806.

(2) Voir les délibérations de 1814 et de 1815.

à Halinghem le docteur Rouxel, de Boulogne, et fit distribuer du pain, de la viande et des médicaments; « ce qui coûte considérablement au Gouvernement, » dit la même délibération.

Les médecins n'étaient pas d'accord sur les causes de cette épidémie qui attaqua plusieurs villages environnants (¹). Le docteur Rouxel envoya à ce sujet, au préfet, un mémoire que nous n'avons pu retrouver. Généralement on crut, à tort ou à raison, que la principale cause était la mauvaise qualité de l'eau du puits communal.

Après la mort de M. Peuvion, la paroisse resta quelque temps sans titulaire, et ce ne fut qu'en 1826 que Jean-Baptiste-Théophile Leduc (²), un instant vicaire à Marenla, fut nommé desservant d'Halinghem. Pendant la vacance, M. Muret, curé de Neufchâtel, avait été chargé de la paroisse.

Le nouveau curé habita le presbytère, tout en faisant remarquer à la municipalité que le jardin était de beaucoup trop petit, et en l'engageant à prendre les moyens nécessaires pour l'agrandir. Le maire s'occupa de cette affaire et entra en pourparlers avec Mesdemoiselles Le Vasseur de Thubeauville, propriétaires des terrains avoisinants. Il leur offrit, en échange de quelques verges de terrain, un ancien chemin qui côtoyait leur propriété et

(1) Cf. Alex. du Wicquet de Rodelinghem, ms. cit.

(2) Jean-Baptiste-Théophile Leduc, né à Montcavrel, le 6 novembre 1802, ordonné prêtre, le 17 décembre 1825, fut, après son départ d'Halinghem, professeur au collège d'Hesdin, puis curé de Comont ; il mourut prêtre habitué à Arras, le 5 janvier 1867, dans sa 65e année. — Arch. de l'évêché d'Arras.

qui, partant de la rue principale du village, se dirigeait sur l'église. L'échange eut lieu à l'avantage des deux parties, le 15 septembre 1827 (¹). Cette affaire fut réglée par Jacques-Louis-Charles Robert qui avait pris le pouvoir, depuis le mois de mars 1824.

Jean-Baptiste Leduc ne resta que quelques années à Halinghem et fit réparer l'église, qui de nouveau tombait en ruines ; il fut remplacé par Louis-François-Joseph Louchet d'Héronval (²), curé de Zudausque, (13 août 1830).

Louis-Philippe d'Orléans venait d'être proclamé roi des Français : c'était plus qu'un changement d'hommes, ce fut un revirement complet dans les idées, ce fut une nouvelle étape de la Révolution. J.-L. Charles Robert, maire, et Pierre Anquer, adjoint, prêtèrent serment au nouveau pouvoir, le 19 septembre 1830 ; mais à un ordre de choses nouveau, il fallait des hommes nouveaux. On élimina donc les titulaires et on s'occupa de leur improviser des successeurs ; Antoine-Jacques Prevost fut nommé maire, et Jean-Baptiste Bailly, adjoint (janvier 1832).

La nouvelle municipalité à peine installée dut s'occuper du presbytère ; la construction de 1810 avait été élevée dans de mauvaises conditions, et déjà, au 15 mai 1830, on

---

(1) Le terrain cédé par Mesdemoiselles de Thubeauville contenait six verges et le chemin donné par la commune en échange était évalué à « neuf verges dix pieds ». — Reg. aux délibérations.

(2) Louis Louchet d'Héronval, né à Hardinghem, le 11 mai 1799, ordonné, le 25 juillet 1824, fut nommé de suite curé de Zudausque, puis d'Halinghem, et enfin de Rély, le 29 janvier 1835.—Arch. de l'évêché d'Arras.

avait dû voter 500 francs pour réparations urgentes. A l'arrivée du nouveau curé, cette somme n'ayant pas encore été dépensée, M. Louchet d'Héronval en profita pour engager les habitants à faire une dépense plus considérable et construire un presbytère en maçonnerie. De concert avec le maire, il fit une souscription qui, avec les fonds libres du conseil municipal, donna la somme de 1,200 francs. Le devis estimatif montait à 2,805 francs 45 centimes ([1]); on eut donc recours au Gouvernement et à l'annexe pour parfaire cette somme.

Lors de la construction du premier presbytère, la commune de Widehem, malgré ses refus, avait été forcée par l'autorité supérieure de venir au secours de la commune d'Halinghem; mais dans cette circonstance, elle refusa énergiquement de contribuer en quoi que ce fût à la construction nouvelle ([2]).

Encouragée, par le préfet, dans son projet de reconstruction, la municipalité d'Halinghem mit le nouveau presbytère en adjudication, le 7 mai 1832. Afin de venir au secours de la commune, dit le registre aux délibérations, M. Robert autorisait l'extraction des pierres dans une pièce de terre lui appartenant, et le maire donnait le sable qui se trouvait dans « sa terre Barbe. »

M. Lejeune fils, entrepreneur à Boulogne, se rendit adjudicataire pour la somme de 2,450 francs ; avec les

(1) Arch. comm.

(2) Les débats assez vifs touchant cette affaire durèrent plusieurs années. Cf. Délib. du conseil de Widehem. Mars 1831. — 28 février 1832.—28 décembre 1832.— 25 août 1833.—9 mars 1834.

frais accessoires et les dépendances en charpente qui furent exécutées en dehors du devis, la dépense fut portée à 2,989 francs. Une des clauses de l'adjudication portait que tous les travaux devaient être terminés pour le 15 octobre suivant, et au mois de mai 1833, le curé ne pouvant entrer dans le nouveau presbytère, recevait encore une indemnité de logement.

Le maire avait demandé au Gouvernement un secours de 1,000 francs; on lui accorda 300 francs (octobre 1833). Il fallait cependant prendre les moyens nécessaires pour solder la dépense. Ce fut une cause d'impopularité pour le maire : il y eut des murmures, les membres du conseil, nous ne savons guère pour quelles raisons, refusèrent de voter, à ce sujet, aucune somme au budget, de telle façon qu'en 1839, il restait encore 700 francs à payer (¹).

Malgré ces embarras financiers, la commune était obligée de faire exécuter des travaux à l'église pour empêcher la ruine de l'édifice. Le 4 novembre 1833, le conseil vota la somme de 150 francs pour relever un mur de la basse-église qui s'était écroulé : « Ce mur, dit la délibération, contient 22 toises d'une épaisseur de 18 pouces. » (²) Les habitants ont conservé le souvenir du zèle déployé par leur curé dans cette circonstance ; il dirigeait les travaux, aidait les ouvriers de ses conseils et ne dédaignait pas de mettre lui-même la main à l'œuvre.

M. Louchet d'Héronval ne jouit pas longtemps de son

(1) Arch. comm.

(2) Ibid.

œuvre ; des circonstances particulières et certaines difficultés avec les membres du conseil municipal de l'annexe
l'engagèrent à demander son changement. Il fut nommé
à la desservance de Réty, le 29 janvier de l'année 1835,
et remplacé de suite par Jean-Baptiste-Joseph Meurice (1).

L'ancien maire venait d'être remplacé par Pierre-François Trollé (2) (16 janvier 1835). La position était difficile,
les budgets étaient toujours en déficit, les dépenses de la
construction du presbytère étaient loin d'être soldées, et
cependant il fallait penser à la reconstruction de l'école
qui s'était effondrée : vieille masure sombre et malsaine,
placée au fond du cimetière et tellement exiguë, que
l'instituteur ne pouvait pas y trouver son logement. L'espace manquait, le cimetière était déjà trop petit, il fallait
donc chercher un autre terrain pour la construction
projetée (3).

Vers la fin de 1824, cette question avait été soulevée,
sans succès, au sein du conseil municipal ; elle fut reprise
dix ans plus tard, et ce ne fut qu'en 1836 (22 mars), que
les plans et devis furent approuvés par l'autorité compé-
tente. La dépense était évaluée, en dehors des matériaux
de l'ancienne école et des charrois faits bénévolement par
les fermiers, à la somme de 1201 francs 85 centimes, plus

(1) J.-B.-Joseph Meurice, né à Beaurainville, le 26 juin 1802, ordonné le 24
mars 1834, curé d'Halinghem, janvier 1835, actuellement curé de Bois-Jean, depuis
1842. — Arch. de l'évêché d'Arras.

(2) Fils de Pierre-François Trollé, maire en 1798 et en 1803.

(3) Arch. comm.

un supplément de 219 francs pour des travaux accessoires. Le Gouvernement accorda un secours de 400 francs, et la nouvelle école fut construite près de la place, sur une parcelle de terrain communal, longeant la *rue Pouillette;* l'espace était assez restreint, toutefois on put donner un petit jardin à l'instituteur (¹).

L'administration eut de nouveau à s'occuper de la restauration de l'église, qui toujours menaçait ruine. Dès le 7 mai 1835, on votait les fonds nécessaires pour réparer une partie de la toiture, et l'année suivante il fallait encore faire un nouvel appel de fonds. Dans la délibération du 10 mai, le maire expose que « le toit de l'église est dans un état très-délabré, par un fâcheux vent qui a fait descendre ce toit l'hiver dernier », et fait valoir, pour prouver l'urgence de ce travail, que « les ornements de l'église sont à l'injure de la pluie. » (²) Pauvre église ! malgré toutes les réparations faites chaque année, elle est toujours en ruines !

Ces réparations continuelles, la construction de l'école et le paiement des sommes qui étaient encore dues pour le presbytère mettaient la commune dans un grand embarras financier. Afin de sortir de cette position difficile, on proposait souvent de vendre quelques parcelles de terrain appartenant à la commune et situées près du chemin dit *de la Voirie,* qui relie Niembourg à Haut-Pichot. Ces terrains ne rapportaient rien à la commune, il y avait par conséquent un avantage réel à les aliéner ; mais cette

(1) Ibid.

(2) Ibid.

question avait toujours le triste avantage de soulever des orages au sein du conseil. On crut donc prudent d'écarter ce sujet de discorde et l'on continua de marcher avec un budget toujours de plus en plus en déficit (1).

Ce fut au milieu de ces circonstances difficiles que Jacques-Louis-Charles Robert reprit la mairie, avec Pierre Levier comme adjoint (10 septembre 1837). Ces deux magistrats firent tous leurs efforts pour sortir de cette position critique et mettre le budget en équilibre ; n'y pouvant parvenir, le maire dut se retirer et fut remplacé par Jean-Baptiste Quandalle (7 mai 1839).

Ces difficultés matérielles n'influaient en rien sur la sage direction donnée à la paroisse par M. Meurice ; doué d'un caractère doux, conciliant, généreux, cet ecclésiastique s'était attaché l'affection de ses paroissiens, et avait su répandre au milieu de ses ouailles, un esprit de foi qui fait encore le plus bel apanage des anciennes familles de ce pays. Cependant, à cause de certaines oppositions systématiques, M. Meurice, comme ses deux prédécesseurs, était obligé de s'éloigner : l'évêque le nomma à la cure de Bois-Jean et lui donna pour remplaçant Charles-Antoine Provin (2), curé de Nempont St-Firmin (16 février 1842).

---

(1) Cf. Délib. du 30 septembre 1834 et du 8 août 1836.

(2) C.-A. Provin, né à Beutin, le 28 octobre 1797, avant son ordination, directeur au petit séminaire de St-Acheul, du 1er octobre 1810 au 1er octobre 1820; professeur à l'institution Haffreingue jusqu'au 12 août 1821 ; ordonné prêtre le 25 juillet 1824, fut nommé vicaire de St-Pierre-lès-Calais, 25 juillet 1824 ; curé de Nempont-St-Firmin, 1er avril 1827; curé d'Halinghem, 10 février 1842; aumônier de l'hospice d'Aire, novembre 1845 ; curé de Wicquenghem, 20 avril 1848 ; curé de Regnauville, juin 1857; curé de Cavron-St-Martin, 28 avril 1861 ; est mort dans cette dernière cure en juillet 1874.

XII.

Arrivée du curé Charles Provin. — Projet de reconstruction de l'église.—Lettre au ministre des cultes. — Pierre Delarue, curé.— Nouveau projet de reconstruction de l'église. — Mission du R. P. Brandicourt. — Arrivée de Monseigneur Parisis.

———

Le départ de M. Meurice avait froissé un grand nombre de paroissiens, et de vives réclamations avaient eu lieu ; mais Monseigneur de La Tour-d'Auvergne ne crut pas devoir revenir sur sa détermination. Ce fut donc au milieu de l'effervescence occasionnée par le départ de l'ancien curé, que M. Provin se présenta pour prendre possession de son poste : la population irritée refusa de le recevoir, et malgré ses paroles et ses démarches, il ne put obtenir l'entrée du presbytère.

Ce bon ecclésiastique dut s'éloigner, le cœur tristement impressionné des scènes qui s'étaient passées sous ses yeux. Peu désireux de prendre possession d'une cure où il trouvait une si formidable opposition, il demanda à Monseigneur de La Tour-d'Auvergne un autre poste ; mais l'évêque d'Arras ne pouvait pas laisser ainsi méconnaître son autorité, il eut recours au pouvoir civil et il fit installer le nouveau titulaire, malgré l'opposition d'une partie notable de la population, par le sous-préfet de Boulogne et la gendarmerie : installation bien pénible pour un ministre de paix et de miséricorde !

Le temps, qui efface tout, fit disparaître aussi la méfiance et le mauvais vouloir des habitants d'Halinghem ; ils comprirent bientôt tout le dévouement et le zèle de leur nouveau curé et regrettèrent l'opposition qu'ils lui avaient faite lors de son arrivée. L'entente était parfaite, quand une question grave, soulevée par le curé, remit tout en question.

Dans son zèle pour la gloire de Dieu, M. Provin voulait reconstruire l'église, mais ce projet rencontra la plus vive opposition de la part des paroissiens. Doué d'une nature énergique, d'une âme aux convictions fortes, ignorant les habiletés de la politique et les ressources d'une sage lenteur, ennemi des demi-mesures et allant droit au but, M. Provin résolut de tenter seul cette entreprise. Cette résolution amena des froissements, toujours si pénibles dans l'exercice des fonctions pastorales, et fit surgir des conflits regrettables qui furent cause du départ de cet excellent ecclésiastique.

Le premier projet de M. Provin fut de réparer la basse église et de reconstruire un chœur et une sacristie. Il demanda l'autorisation de Monseigneur l'évêque d'Arras qui s'empressa de l'encourager dans son œuvre ; seulement, fabriciens et conseillers municipaux se refusèrent d'y parti per. Une délibération du conseil de fabrique, en date du 15 août 1842, nous fait connaître ce refus.

Il y est dit que les membres du conseil — nous citons textuellement, — « considérant premièrement que la construction d'un sanctuaire et d'une sacristie leur paraît nécessaire ;

» Considérant en second lieu que le conseil municipal ne peut et ne veut voter aucuns fonds pour cette construction ;

» Considérant, en troisième lieu, que cette dépense montant à environ mille deux cents francs, est au-dessus des facultés de la fabrique, sont d'avis que cette construction soit différée de quelques années. » (¹)

Sur les instances du curé, le sous-préfet de Boulogne avait écrit au maire pour l'engager à user de son influence, afin de faire réussir ce projet (²). Tout fut inutile ; les efforts et les sollicitations du curé n'eurent d'autre résultat que d'engager la Fabrique à ne pas faire d'opposition au projet. Elle crut même devoir pousser la condescendance jusqu'à mettre dans une de ses délibérations que, « voulant faire preuve de bonne volonté envers M. le desservant de la paroisse, le conseil s'oblige de fournir pour cette construction les revenus disponibles de la Fabrique pour les années 1842 et 1843. » Il y avait alors en caisse 127 fr. et la Fabrique pouvait faire chaque année 50 francs d'économie (³). N'était-ce pas une dérision ?

(1) Arch. de l'église d'Halinghem.

(2) Arch. de la commune.

(3) Regist. de la Fabrique.

Malgré ce premier insuccès, M. Provin n'abandonna pas son projet et quelques années plus tard, en 1845, il présentait un plan dressé par M. Debayser, architecte de la ville de Boulogne, pour la reconstruction entière de l'église. Ce second essai fut aussi infructueux que le premier.

Les embarras financiers de la commune et, avouons-le, le mauvais vouloir d'un grand nombre d'habitants ne permettaient pas à M. Provin de compter sur de grandes ressources. Le conseil municipal refusait de voter des impositions extraordinaires, et Charles-François Trollé, maire depuis le 5 mars 1843, ne laissait espérer pour toute ressource que la vente problématique des excédants du chemin *de la Voirie,* qu'on évaluait à la somme de 1300 francs : question brûlante qui avait, comme nous l'avons déjà vu, soulevé bien des orages. Ne pouvant espérer rien de mieux, M. Provin se contenta de cette promesse. La Fabrique avait en caisse (12 mai 1844) la somme de 85 francs 5 centimes (1); pouvait-elle être d'un grand secours pour aider à la construction projetée ?

Ces difficultés matérielles n'étaient pas de nature à laisser espérer le succès. M. Provin ne désespère cependant pas ; il écrit de tous côtés pour obtenir l'appui de hauts personnages et enfin a recours au ministre des cultes. Sa lettre, renvoyée au maire d'Halinghem par l'entremise du préfet, développe trop bien, d'une part, l'état de vétusté de l'église, malgré ses réparations successives, et d'autre part le noble et généreux dévouement de cet ecclésiastique, pour que nous puissions la passer sous silence.

(1) Ibid.

« Excellence,

« Pardonnerez-vous à un pauvre desservant de village,
« la liberté qu'il ose prendre d'adresser à votre Excellence
« quelques mots de supplique ?

« Le soussigné en est persuadé, 1° parce qu'un desser-
« vant, quand il prend la liberté d'écrire, ne le fait que
« pour les motifs les plus graves ; 2° parce qu'il n'agit que
« dans l'intérêt de ses chers paroissiens.

« Le 10 décembre 1842, son Éminence Monseigneur le
« cardinal de La Tour d'Auvergne, évêque d'Arras, me
« transmit l'ordre de travailler à la reconstruction de
« l'église d'Halinghem, parce que cette église est de moitié
« trop petite et parce qu'elle tombe en ruines.

« A la réception de cet ordre, je fis dresser, par un
« architecte de Boulogne, les plans et devis nécessaires
« que j'adressai aussitôt à la préfecture d'Arras.

« Ces premières formalités remplies, je me mis en devoir
« de réaliser la somme nécessaire pour cette construction.
« Je vendis d'abord une petite propriété à moi appartenant
« et j'en réunis le produit aux ressources fournies et par
« la fabrique et par la commune.

« *Sed quid hoc inter tantos?* Des électeurs influents du
« canton m'engagèrent à m'adresser à M. Delessert,
« député, pour obtenir son appui. J'écrivis en effet à ce
« Monsieur ; il me fit une réponse charmante, mais il me
« demandait tant de formalités, pour moi impossibles à
« remplir, que je fus contraint de regarder sa lettre comme
« un refus indirect de s'occuper de cette affaire.

« Une personne digne de respect, me pressa de m'adres-

« ser à M. Dupin aîné, qu'elle connaissait beaucoup. Je le
« fis encore : ce Monsieur, comme M. Delessert, m'adressa
« sa déclinaison faite avec toute l'adresse que vous lui
« connaissez.

« Cependant le temps marche, et il ne fera bientôt de
« notre église qu'un monceau de ruines. Il serait absolu-
« ment nécessaire de commencer de suite cette construc-
« tion.

« Pressé, d'un côté, de travailler activement, ne rencon-
« trant, d'un autre, aucun appui, aucune protection, je
« me suis décidé à m'adresser à votre Excellence. J'ai la
« confiance qu'elle aura la bonté d'accueillir ma demande.

« Les travaux de reconstruction doivent coûter de
« quinze à seize mille francs. Il me faut de toute nécessité
« un secours de cinq à six mille francs encore. Sans ce
« secours, je ne puis rien. J'ai trois ou quatre cents bras
« prêts à se mettre à l'œuvre. Le manque de ce secours les
« empêche de travailler. Ah ! Monseigneur, ayez pitié de
« ma pauvre et malheureuse paroisse ! Le plus grand
« malheur pour elle serait d'être privée d'église ! Elle en
« sera privée si vous ne venez à son aide.

« Je n'ignore pas tout ce qu'on exige de votre ministère.
« Mais, si vous ne pouvez pas fournir ce secours en une
« seule fois, fournissez-le en deux, ou en trois. Déclarez
« seulement que nous l'obtiendrons et dans huit jours
« nous sommes à l'œuvre. Songez, Monseigneur, que vous
« n'accorderez jamais un secours ni plus juste ni plus
« nécessaire. (1)

(1) Arch. de la commune.

« Dans l'attente d'une réponse favorable, j'ai l'honneur
« d'être,

    « Monseigneur,

      « de votre Excellence,

   « Le très-humble et très-dévoué serviteur,

      « Provin, *desservant.* »

Halinghem, le 10 août 1845.

Les démarches du curé d'Halinghem n'aboutirent à
aucun résultat. La question de reconstruction rencontrait
des obstacles sérieux que le concours de circonstances
malheureuses rendit insurmontables. Le dévouement et le
zèle de M. Provin vinrent se briser contre le manque
d'énergie de l'autorité municipale et le mauvais vouloir
des paroissiens.

Nous avons sous les yeux le projet de M. Debayser et
nous sommes obligé de reconnaître que ce plan n'a aucun
caractère religieux. C'est une grande salle de 23 mètres de
long sur 8 mètres de large, terminée en hémicycle, avec
des fenêtres à plein cintre et un plafond rappelant, de loin,
la forme grecque. Rien ne laisserait pressentir qu'on a
voulu bâtir une église, si, au-dessus du fronton de la façade,
il ne s'était trouvé un campanille à jour, d'un peu plus de
trois mètres de hauteur, sur 70 centimètres d'épaisseur.
Quelle différence, quel contraste entre ce projet et les belles
églises gothiques d'Équihen et de St-Vincent-de-Paul de
Boulogne, dont cet éminent architecte a doté le Boulonnais quelques années plus tard. Le montant du devis était
de 21,500 francs, et le curé d'Halinghem n'avait pu
réaliser qu'une somme insignifiante.

De nouvelles difficultés vinrent encore compliquer la position si tendue de M. Provin. Nous avons déjà parlé des débats orageux que la construction du presbytère d'Halinghem avait soulevés entre la paroisse et l'annexe : le conseil munipal d'Halinghem n'ayant pu obtenir un secours de la commune de Widehem pour l'aider dans la construction du nouveau presbytère, demanda au conseil de Widehem de voter chaque année, au budget, une somme qui aurait représenté la part qui lui incombait dans les frais de logement du curé. Nouveaux refus et nouvelles récriminations de la part des habitants de Widehem (1). Après avoir bataillé pendant quelques années, la municipalité d'Halinghem présenta ses réclamations au ministère, et bientôt sur un rapport du ministre de l'Intérieur, le Roi Louis-Philippe lança une ordonnance datée de St-Cloud, 25 novembre 1844, qui portait dans son article premier :

« Il sera prélevé d'office sur la commune de Widehem
« par addition au principal des contributions directes,
« à partir de 1845, et dans les limites du maximum fixé
« par la loi annuelle des Finances, une somme de deux
« cents francs soixante-cinq centimes, pour payer la part
« afférente à cette commune, dans les frais de logement
« du desservant de la succursale d'Halinghem, pendant les
« années 1839, 1840 et suivantes, jusques et y compris
« 1843.

(1) Cf. Délib. du conseil de Widehem. — 12 février 1838. — 1er juillet 1838. — 10 mai 1840. — 7 juin 1840. — 8 décembre 1842. — 7 mai 1843. — 10 février 1844. — 28 février 1848. — 19 janvier 1849.

« Il sera établi un rôle spécial pour la perception de
« cette imposition........., etc. » (1)

Il fallait obéir et payer, mais les habitants de Widehem
rendirent leur curé responsable de cette ordonnance royale
et lui montrèrent une opposition systématique qui décou-
ragea ce bon prêtre et l'engagea à demander son changement.

M. Provin, nommé aumônier de l'hospice d'Aire, fut
remplacé dans la cure d'Halinghem, le 7 décembre 1845,
par Pierre-Philippe Delarue, curé de Campigneulle (2).

Le nouveau curé, sachant par l'expérience de son prédécesseur qu'il était impossible de soulever la question de
reconstruction de l'église, abandonna ce projet et se contenta de travailler au bien spirituel de ses paroissiens.
Dans les premières années de son administration, il fit
donner une mission par le R. P. Mention, de la Société de
Jésus, si connu dans le Boulonnais. Le zélé missionnaire
eut le plus brillant succès et sa parole produisit d'heureux
résultats pour le bien spirituel de la paroisse.

Le calme s'était fait dans les esprits, quand la disette
des années 1846 et 1847 vint affliger la population
d'Halinghem. Les efforts de la municipalité, aidée par la
bienfaisance privée et les secours accordés par le préfet,
permirent de traverser cette épreuve sans de trop grandes

(1) Arch. de Widehem. — Idem d'Halinghem.

(2) Pierre-Philippe Delarue, né à Berck, le 14 octobre 1800 ; ordonné le 22 mars
1828, vicaire de Samer, 23 mars 1828; curé de Campigneulle, 30 octobre 1828; curé
d'Halinghem, 7 décembre 1845 ; curé d'Ambricourt, 3 mars 1858 ; curé d'Aix-en-
Issart, 17 mai 1859; depuis 1868 prêtre habitué à Berck. — Arch. de l'évêché d'Arras.

difficultés (¹); et l'on espérait un temps plus prospère lorsqu'éclata la Révolution du 24 février 1848. La proclamation de la nouvelle République jeta l'inquiétude dans tous les esprits. Chacun attendait avec anxiété les résultats de cet événement, tout en se reposant sur l'énergie et la loyauté si connue des autorités municipales, pour maintenir l'ordre dans la commune. MM. Trollé et Levier avaient la confiance de tous les habitants ; aux nouvelles élections, ils furent renommés maire et adjoint (30 juillet). (²)

Le 19 novembre de la même année, la promulgation de la constitution nouvelle eut lieu sur la place, au pied de *l'Arbre de la Liberté*, devant le Conseil municipal escorté par les gardes nationaux de la commune. Les registres aux délibérations du Conseil ont conservé le souvenir de cette fête. On y fit *parler la poudre*, et les comptes municipaux relatent qu'on y a dépensé 10 francs de poudre et 15 francs de rafraîchissements pour la garde nationale, très-échauffée, sans doute, par ce bruyant exercice.

Après les premières appréhensions, les habitants d'Halinghem reprirent leur vie calme et laborieuse et passèrent, sans secousses, ces années d'incertitudes et de divisions politiques. Le maire, M. Trollé, avait quitté la commune ; il fut remplacé par Jacques Clément, le 7 janvier 1850. Deux ans plus tard, lorsque les autorités municipales

(1) Regist. municip.

(2) Ibid.

furent nommées par le Préfet, MM. Clément et Levier conservèrent leur position à la tête de la municipalité.

Depuis 1789, la commune d'Halinghem, qui était privée de chemins, était restée stationnaire et elle ne pouvait communiquer que très-difficilement avec les communes voisines. La nouvelle administration s'occupa de cette question importante et obtint la construction d'un chemin qui, traversant le village, devait relier le chemin de Boulogne à Étaples au chemin de Paris à Boulogne ; les travaux commencèrent en 1847 et furent terminés en 1853 ([1]).

Le suffrage universel, bien travaillé, venait de faire l'Empire ; Louis-Napoléon Bonaparte avait été proclamé Empereur des Français, sous le nom de Napoléon III. Les membres du conseil, ainsi que le Maire et l'adjoint, prêtèrent serment de fidélité au nouveau gouvernement, le 3 mars 1853 ([2]). Ne croyait-on pas alors, que là était la planche du salut ?

---

(1) Ce chemin dit de grande communication, n° 125, de Parenty au chemin n° 113, coûta à la commune d'Halinghem 5,000 francs, son territoire est traversé sur une longueur de 1,755 mètres.

Le chemin de grande communication n° 239 de Questrecques à Halinghem, par Carly, ne fut construit qu'en 1805 et terminé en 1872 : il coûta à la commune d'Halinghem 8,928 francs, et la traverse sur une longueur de 2,880 mètres.

Le chemin vicinal ordinaire, compris dans le réseau non subventionné, n° 1 dit de la Voirie, et qui relie Haut-Pichot à Niembourg a été construit de 1863 à 1874. Il compte 1,682 mètres et a coûté 5,016 francs.

La part d'Halinghem dans les frais d'entretien annuel sont, pour le chemin n° 125, de 368 fr. 55 c. Ceux du chemin n° 239 sont de 601 fr. 20 c., et ceux du chemin dit de la Voirie de 185 fr. 02 c.

Renseignements fournis par M. Delbée, agent-voyer de Samer.

(2) Ibid.

Deux mois plus tard, nous voyons le conseil municipal traiter de nouveau la question de l'église. Monseigneur Pierre-Louis Parisis qui avait succédé au cardinal de La Tour d'Auvergne, sur le siége épiscopal d'Arras, avait demandé, sur un rapport présenté par le curé d'Halinghem, que la municipalité s'occupât activement de la reconstruction de l'église tombée en ruines.

Le maire convoqua, à cet effet, son conseil et les plus hauts contribuables, le 10 mai 1853. Dans cette réunion il exposa, nous dit le registre aux délibérations, « que l'église est dans un état irréparable, attendu qu'elle menace ruine de toute part ; qu'elle est une des plus anciennes des environs ; que l'on a pourvu à son agrandissement plusieurs fois et qu'elle est encore infiniment trop restreinte pour contenir tous les habitants ; que les réparations deviendraient infructueuses à cause de sa petitesse et qu'il pourrait. arriver que Monseigneur l'évêque, dans sa visite pastorale, prononçât son interdiction. » Il termine en demandant une reconstruction complète.

Après des débats orageux, le Conseil crut cependant prudent de décider que, « pour le moment, » on reconstruirait un chœur plus vaste et que l'on affecterait à cette construction une somme de 6,000 francs. La dépense devait être couverte par une imposition extraordinaire de 4,000 francs, répartie en dix années et par un secours que l'on demanderait au Gouvernement ; seulement on remit les travaux à l'année 1854. L'opposition cherchait à gagner du temps, espérant peut-être que le nouvel évêque d'Arras se contenterait de promesses. On ne fit pas dresser de plan par un architecte, on attendit les événements, et l'année suivante, on ne pensait même plus au projet. Peut-être que les dégâts occasionnés par l'ouragan du 23 août 1854, suffirent pour ralentir le zèle des paroissiens : la moisson n'était pas avancée et la grêle avait détruit une grande partie de la récolte.

Sur ces entrefaites le R. P. Brandicourt, de la Société de Jésus, vint donner une mission à Halinghem. Le triste état de l'église excita son zèle, et, fort de l'appui de l'évêque diocésain, il fit lui-même les démarches les plus pressantes auprès des principaux habitants, pour les engager à travailler à la reconstruction de leur église. Il réunit quelques souscriptions et crut pouvoir même assurer à Monseigneur Parisis que ses espérances seraient bientôt réalisées.

En effet, le 24 novembre 1854, le maire réunit le conseil municipal, et, après avoir démontré « la nécessité urgente de reconstruire l'église qui menace ruine et ne peut plus convenir à la dignité du culte, » lui demande de l'autoriser, d'une part, à s'entendre avec un architecte pour dresser un plan complet de reconstruction, et d'autre part, à traiter, avec les propriétaires intéressés, la vente des terrains communaux de *la Voirie*, afin d'en employer le produit à la construction de la nouvelle église.

Le conseil accorda au maire tout ce qu'il demandait et poussa même la condescendance jusqu'à décider qu'il pourra « accepter pour les affecter à la construction projetée, toutes sommes, souscriptions, quêtes et valeurs quelconques, de quelque nature qu'elles puissent être. » Seulement il refusa de voter l'imposition de 4,000 francs décidée l'année précédente (¹).

Sur ce point l'entente était parfaite. Nous voyons le maire « observer — nous citons textuellement le procès-verbal, — que le mode de créer un impôt extraordinaire, tenté jusqu'ici, et à plusieurs reprises, ayant toujours échoué, comme ne devant peser que sur cinq ou six cultivateurs de la commune, on a préféré recourir à un autre mode, qui est celui des souscriptions. Au moyen de ces souscriptions, quêtes, anciens matériaux, aliénation des biens communaux et autres ressources, la commune peut compter sur un actif de 10,000 francs; que cette somme, jointe au secours de 4,000 francs du Gouvernement, suffirait à couvrir la dépense. » (²)

Le plan n'était pas fait; la question de l'aliénation des biens communaux soulevait de formidables oppositions; la souscription ne réussissait pas; la commune avait des dettes; la fabrique ne possédait pas d'économies; le Gouvernement n'avait rien promis, puisqu'on ne lui avait rien demandé. Comment expliquer l'assertion du maire, et ne peut-on pas s'étonner en l'entendant assurer que la commune pouvait compter sur un actif de 14,000 francs? Les délibérations furent cependant envoyées à l'évêché, et on attendit tranquillement l'arrivée de l'évêque.

Monseigneur Parisis fit son entrée solennelle dans la paroisse, le 5 juin de l'année suivante. Sa réception fut magnifique et digne de l'illustre prélat qui avait daigné

(1) Arch. comm. Reg. aux délib.

(2) Délib. du 24 novembre.

honorer de sa présence le pauvre village d'Halinghem. Après la cérémonie religieuse, Monseigneur traita, avec le Conseil municipal et le Conseil de fabrique, la question de reconstruction de l'église. On essaya de démontrer à l'évêque les difficultés de l'entreprise, le mauvais état des finances municipales, la nécessité où s'était trouvée la commune de bâtir une salle de classe ; on fit valoir que l'adjoint, M. Pierre Levier, avait dû avancer les fonds nécessaires à cette construction, qu'on lui devait encore la somme de 433 francs (1), et l'on terminait en promettant, qu'aussitôt cette dette payée, la commune s'occuperait de l'œuvre de reconstruction de l'église.

Monseigneur Parisis ne pouvait méconnaître les difficultés inhérentes à une aussi grande entreprise pour un pauvre village ; toutefois les obstacles qu'on lui présentait comme insurmontables, né lui parurent pas avoir une grande valeur. C'est pourquoi, ne voulant plus se payer de belles promesses, il exigea que l'on se mit de suite à l'œuvre. Le dimanche suivant, il crut même devoir faire lire, au prône de la messe paroissiale, une ordonnance ainsi conçue :

« Nous avons ordonné et ordonnons :

« Des mesures efficaces seront prises pour la construc-
« tion d'une église convenable dont les plans et devis
« seront soumis à notre approbation. L'exécution de cette
« construction devra être assurée au plus tard, au premier
« septembre prochain (1855); faute de quoi la célébration

(1) Cf. Delib. du 7 janvier 1855.

« des saints mystères serait interdite dans l'église actuelle,
« à la date précitée. » (¹) Des ordres particuliers furent
même donnés à cet effet à M. Boursin, doyen de Samer.

Cette menace d'interdiction de l'église ne produisit pas
l'effet qu'en attendait l'évêque d'Arras. On se contenta
de discuter et de rendre le curé responsable des difficultés
dans lesquelles se trouvait la commune ; mais on ne fit
rien et surtout on ne vota aucuns fonds au budget. Tout
était encore dans le même état au commencement de
l'année 1858, lorsque M. Delarue, fatigué de la lutte,
donna sa démission et se retira provisoirement dans ses
foyers.

Pendant ce laps de temps un changement avait eu lieu
dans la municipalité : le maire, M. Jacques Clément, était
mort, et M. Pierre Levier ayant refusé d'accepter la
mairie (²), le préfet avait nommé maire Alexandre-François Robert (3) (14 décembre 1855). Le nouveau magistrat
municipal était bien disposé pour l'œuvre de la reconstruction de l'église, mais les difficultés matérielles entravaient
son zèle et son dévouement.

Ce fut au milieu de ces circonstances que François-
Antoine-Pierre Lefebvre, vicaire de Lens, fut nommé
à la cure d'Halinghem, le 26 janvier 1858 (⁴).

(1) Arch. de l'église d'Halinghem.

(2) Lettre du sous-préfet de Boulogne, du 21 novembre 1855.

(3) Fils de Jacques-Louis-Charles Robert, et petit-fils de Charles Robert dont
nous avons parlé dans le cours de cette notice.

(4) François-Antoine-Pierre Lefebvre, né à Boulogne, le 23 janvier 1820, ordonné
le 22 décembre 1855, vicaire de Lens, le 20 janvier 1856.

XIII.

Construction de la nouvelle église. — Vente de la Voirie. — Souscriptions. — Pèlerinage à N.-D. de Boulogne. — Bénédiction de la première pierre. — Bénédiction de l'église par Monseigneur Haffreingue. — Nouvelle cloche.

———

Pour tout écrivain, l'histoire contemporaine a des difficultés. Serait-ce une raison suffisante pour passer sous silence cette époque, où la population d'Halinghem se montre sous un jour nouveau et semble vouloir réparer le passé ? Nous ne le pensons pas. Cependant le lecteur comprendra que nous devons personnellement éprouver un certain embarras ; c'est pourquoi nous lui demandons la permission d'écrire cette partie de notre récit avec les articles de journaux que nous avons pu recueillir et qui traitent des faits concernant la construction de l'église de notre village.

D'après ce que nous avons vu dans les chapitres précédents, nous n'étonnerons pas nos lecteurs en leur disant que l'église d'Halinghem était dans un tel état d'abandon et de délabrement qu'il était facile de prévoir son infaillible et prochaine destruction. La toiture avait été crevée par la tempête ; le berceau en bois du chœur était tombé ; les fenêtres étaient en partie brisées ; l'humidité verdissait les murs ; le sol était effondré en plusieurs endroits et le clocher semblait vaciller et menaçait d'écraser la nef sous ses débris. Quelle triste impression dut ressentir le jeune prêtre, qui venait d'être nommé pour administrer cette paroisse, en se trouvant au milieu de cette pauvreté, de cette misère et de ces ruines !

Aussitôt après son installation qui eut lieu le 14 février 1858, le nouveau curé, pour répondre à la volonté expresse de son évêque, s'occupa du projet de construction d'une nouvelle église.

Des difficultés que l'on pouvait croire invincibles semblaient s'opposer à la réalisation de ce projet. Le pays était pauvre ; la fabrique n'avait ni revenus, ni économies ; les services ordinaires absorbaient les ressources du budget communal. Où donc puiser la somme nécessaire à cette entreprise, dont les frais doivent atteindre un chiffre malheureusement trop élevé, alors même que l'on adopterait un plan modeste.

Le jeune prêtre ne perd pas courage ; il multiplie ses démarches, réchauffe le zèle de ses ouailles et prépare les esprits, tandis que le maire, M. Robert, s'efforce de mener à bonne fin la vente des parcelles de terrain de la Voirie ; vieux sujet de trouble dans le sein du conseil et au milieu de la population (1). — L'autorisation préfectorale

(1) Les propriétaires riverains n'avaient jamais voulu admettre que lorsqu'un chemin rural a été classé comme vicinal et qu'il a plus que la largeur réglementaire, les parcelles de terre qui restent en dehors de la largeur de ce chemin appartiennent à la commune. Les arrêtés administratifs sont formels à cet égard. L'article 14 du règle-

fut accordée le 21 juillet 1858, et les propriétaires riverains achetèrent à l'amiable ces excédants de chemin dont l'ensemble représentait 1 hectare 46 ares 82 centiares. Le total de la vente rapporta à la commune la somme de 1520 francs. Cette somme fut réservée pour la construction projetée. Le premier pas était fait. Aussitôt le curé fit un appel à ses paroissiens, et commença une souscription de concert avec MM. Robert et Dumoulin.

Laissons la parole à l'éminent auteur de l'*Annuaire du Diocèse d'Arras*. Dans une notice qu'il a consacrée à l'église d'Halinghem ([1]), il dit :

« Monseigneur Parisis compte sur l'activité connue du jeune prêtre pour mener à bonne fin l'œuvre de la reconstruction du saint lieu ; mais comment y parvenir ? Les efforts de ses deux prédécesseurs n'ont pas abouti ; sera-t-il plus heureux ? Cette pensée serait bien de nature à le déconcerter, s'il ne connaissait pas l'empire de la foi sur les populations de nos contrées ; s'il ne se disait que la Providence viendra sûrement à son secours dans l'exécution d'un projet que tout semble déclarer impossible. Il espère donc, pour ainsi parler, contre toute espérance, et met sans hésiter la main à l'œuvre.

ment général du 21 juillet 1851 a tranché la question. La seule faveur consentie, par la loi, aux propriétaires riverains, est formulée dans l'article 30 du même règlement. Cet article porte : « Lorsqu'un chemin vicinal aura une largeur plus grande que celle fixée par les arrêtés, et que le conseil municipal aura voté l'aliénation du sol qui excède la largeur légale, les riverains auront le droit de se rendre acquéreurs du sol, en en payant la valeur à dire d'expert. » C'est ce que firent les riverains du chemin dit *de la Grande Voirie*; seulement il avait fallu batailler pendant plus de trente ans pour arriver à ce résultat.

(1) Annuaire de 1805.

« L'administration municipale, animée des plus louables sentiments, met à sa disposition toutes ses ressources, s'élevant à 3,000 francs ; la fabrique offre 1,000 francs ; une souscription ouverte dans la paroisse monte en quelques jours à près de 10,000 francs, somme vraiment extraordinaire pour une commune aussi dénuée de fortune que celle d'Halinghem. Aussi le curé, plein d'admiration à la vue d'une telle générosité, écrivait-il à un de ses amis : — Que ne puis-je vous redire tout ce dont je suis témoin ? Les personnes qui vivent de la culture de quelques mesures de terre font des offrandes qui sembleraient annoncer une véritable aisance ; des ouvriers n'ayant que leurs bras pour nourrir leurs enfants s'engagent pour plusieurs jours de travail. Les pauvres eux-mêmes veulent aussi mettre leur pierre à l'église, ils retranchent sur leurs besoins pour apporter leur obole. Rien de plus touchant qu'un pareil spectacle, qui dédommage amplement des soucis inséparables d'un projet de reconstruction d'église.

« Le zélé pasteur avait réuni près de 14,000 francs sans sortir de l'enceinte de sa paroisse. C'était, à ses yeux, une espèce de miracle, et pourtant cette somme n'atteignait pas le chiffre présumé des dépenses à faire ; car les plan et devis du nouveau sanctuaire s'élevaient à 26,000 francs.

« Le jeune prêtre ne se décourage pas devant un déficit si considérable ; il part pour Paris, fait valoir les énormes sacrifices que s'impose la petite commune d'Halinghem et plaide sa cause avec tant d'habileté qu'il obtient sept mille francs du gouvernement. (Grâce à la haute influence de M. Hamille, directeur général au ministère des cultes). Boulogne et Montreuil où M. le curé prêche en faveur de son œuvre, viennent généreusement à son

Vue prise du Chœur

secours et comblent le déficit.» (¹) La réalisation du projet, si longtemps attendue, de la reconstruction de l'église est maintenant assurée.

Voici le détail des sommes versées dans la caisse communale pour la construction de l'église.

1º Vente des terrains de la Voirie (1858).	1,520 f.	»
2º Fonds libres de la commune (1858).....	257	55
3º Budget primitif de la commune (1859).	90	»
4º Fonds votés par le conseil municipal en trois annuités (de 1859 à 1861).......	900	»
5º Fonds votés par le conseil de fabrique en trois annuités (de 1859 à 1861)...	1,000	»
6º Souscriptⁱᵒⁿˢ deshabⁱˢ, 8,731 f. » et dons particulˢ, 721 45 } (1858)	9,452	45
7º Sommes offertes à la fabrique (1858)...	826	40
8º Dons divers (1859).....................	1,840	»
9º Secours accordé par le Gouvernement (1859)...............................	7,000	»
10º Secours accordé par le préfet (1859)...	300	»
11º Deuxième secours accordé par le gouvernement (1863).....................	1,000	»
12º Deuxième vote du conseil municipal (1862 et 1863).....................	600	»
13º Valeur provenant des matériaux de l'ancienne église...................	500	»
14º Ressources résultant du rabais..........	1,533	60
15º Murs et grillage (1864).................	500	»
16º Porche construit aux frais de la fabrique.....................................	2,500	»
Total................	29,820	»

Au milieu de tous ces embarras, le jeune pasteur n'ou-
bliait pas les intérêts religieux de la population qui lui
était confiée. Il prêche lui-même le jubilé accordé par
sa Sainteté le Pape Pie IX, et est assez heureux pour
ramener un grand nombre de ses paroissiens à la pratique
des sacrements.

Cette même année, il conduisit, pour la première fois,
les habitants d'Halinghem et de Widehem en pèlerinage
à Notre-Dame de Boulogne, voulant mettre son œuvre
sous la protection de la patronne du Boulonnais. Il se
rappelait ces mots tracés par une plume toute dévouée à
la gloire de celle que les Boulonnais sont fiers d'appeler :
Patrona nostra singularis. « N.-D. de Boulogne, par
l'exemple contagieux de ses miracles d'architecture,
exerce autour d'elle, sous ce rapport, une influence salu-
taire. Comme le chantre antique, elle a trouvé la science
de faire mouvoir les pierres et les faire se ranger dociles à
sa voix. »

Depuis cette époque, ce pèlerinage s'est renouvelé
chaque année. Nous ne pouvons reproduire les articles
des journaux de Boulogne qui rendirent compte de ces
pèlerinages (1) ; nous n'en citerons qu'un seul, tiré de la
Semaine Religieuse d'Arras ; il suffira pour rendre la
physionomie de ces démonstrations religieuses.

« Ce que j'aime par-dessus tout, c'est le pèlerinage
rural, arrivant des montagnes ou des plaines, pittoresque-
ment groupé sur de grands chariots de ferme. Il y a deux

(1) Voir *la Colonne* du 15 août 1858. — Id. du 21 août 1859. — *L'Impartial* du 2
septembre 1863, etc.

communes réunies sous l'étole du même curé, qui viennent d'arriver tout à l'heure, venant d'au moins cinq lieues ; c'était splendide à voir ! Dix longs chariots à cinq chevaux marchaient à la file, suivis de quelques autres véhicules. Sur le premier chariot, celui du maire, la croix était hissée comme un pacifique étendard. On traversait ainsi plusieurs villages et de nombreux hameaux, prêchant à tous, en un muet langage, la dévotion à N.-D. de Boulogne.

« Arrivés dans le faubourg, les pèlerins remisaient les chariots sur la banquette de la grand'route ; les confrères de saint Hubert mettaient le chaperon sur l'épaule ; les reines portaient haut leurs grands sceptres d'or ; et tous en longues files processionnelles, se dirigeaient, en priant, vers la montagne sainte, de laquelle ils attendaient le secours. Quelles pompes sont plus belles que celles-là, quels spectacles sont plus attendrissants, quels témoignages prouvent mieux la foi des peuples, ou qu'y a-t-il de plus propre à la réveiller quand elle est endormie ? » (1)

Le nouveau plan de l'église dressé, par M. Bouloch, architecte à Boulogne, sous la direction du curé, réunit bientôt tous les suffrages. Le 6 septembre 1858, M. Levier-Sénécat, adjoint de la commune et président de la fabrique, et Mme Levier-Sénécat donnèrent un terrain situé sur la place pour construire le nouveau sanctuaire ; on put donc procéder à l'adjudication qui eut lieu le 11 juin 1860. Les travaux furent accordés à M. Durieux-Delhaye, entrepreneur à Samer. De suite les ouvriers se mirent à l'œuvre, et

(1) *Semaine religieuse* d'Arras du 20 août 1867.

la première pierre fut posée et bénite le 5 août 1860. Cette pierre est placée dans les fondations du maître-autel.

La cérémonie de la bénédiction de la première pierre eut lieu avec la plus grande pompe, au milieu de l'enthousiasme de la population. Plus de vingt prêtres assistaient à cette cérémonie présidée par M. Lecomte, chanoine honoraire d'Arras, grand-doyen de l'arrondissement de Boulogne, délégué à cet effet par Monseigneur Parisis. M. Lecomte était accompagné par M. Boursin, doyen de Samer, et M. Rémont, curé de St-Vincent-de-Paul de Boulogne, tous deux chanoines honoraires d'Arras.

Plus de deux mille personnes assistaient à cette imposante cérémonie. Dans un discours où la beauté de l'expression ne le cédait qu'à l'élévation des pensées, M. l'abbé Wallet, bénéficier de première classe, impressionna vivement son auditoire. Il fit ressortir l'avantage que les habitants d'Halinghem devaient retirer de la construction du nouveau sanctuaire, qui serait là comme une prédication continuelle et un attrait mystérieux vers Dieu.

Voici le procès-verbal, transcrit sur une feuille de parchemin, qui se trouve scellé dans la première pierre et enfermé dans une boîte de plomb :

Anno reparatæ salutis, millesimo octingentesimo sexagesimo, die quinta mensis augusti, Pio IX P. M. sedem apostolicam feliciter occupante; Petro Ludovico Parisis episcopo atrebatense ; Stanislao Boursin canonico ad honores et decano Samer ; Francisco-Antonio Lefebvre parocho loci de Halinghem cum suo succursu de Widehem; Alexandro Robert maiore communitatis dicti loci, lapis

*iste primarius et angularis, in fundamentis hujus eccle-
siæ sancti Sylvestri reedificantæ posita est a Reveren-
dissimo Domino Antonio Lecomte, canonico ad honores et
decano majore ecclesiæ sancti Nicolai Boloniensis, vicarii
generalis vicem agente.*

Præsentibus testibus notis qui nomina subscripsere.

A. Lecomte, *decanus-major.*

S. Boursin, *decanus.*

A.-F. Lefebvre, *parochus.*

A. Robert, *maire.*

P. Levier, *adjoint, président de la fabrique.*

Cette même année, à la suite de nouvelles élections
municipales, les magistrats qui montraient tant de dévouement pour la reconstruction de l'église furent de nouveau
replacés à la tête de la commune : M. Robert, comme
maire, le 6 août 1860, et M. Levier, comme adjoint, le
17 septembre suivant.

Les travaux de la nouvelle église furent poussés avec la
plus grande activité, et le 27 octobre 1861, Monseigneur
Agathon-Benoît Haffreingue, protonotaire apostolique
ad instar participantium, prélat de la maison du Pape,
venait bénir le nouveau sanctuaire. Trente prêtres s'étaient
réunis pour cette cérémonie, heureux de montrer à leur
jeune confrère leur sympathie et tout l'intérêt qu'ils portaient à son œuvre. Parmi ces ecclésiastiques, on remarquait
M. Boursin, doyen de Samer ; M. Anquer, doyen d'Étaples ; M. Dourdron, ancien doyen d'Hucqueliers ; M.
Bresselle, curé de St-Pierre, de Boulogne ; M. Jonas, curé
de St-Joseph, de Boulogne, tous chanoines honoraires
d'Arras ; un ancien curé de la paroisse, M. Meurice, curé

de Bois-Jean, était aussi venu s'unir à ses confrères des doyennés de Samer et d'Étaples.

Le *Propagateur du Nord et du Pas-de-Calais* a rendu compte de cette cérémonie ; laissons lui la parole :

« La cérémonie qui a eu lieu à Hálinghem dimanche dernier restera longtemps dans le souvenir des habitants de cette paroisse. Monseigneur Haffreingue, protonotaire apostolique et prélat de la maison du Pape, délégué par Monseigneur l'évêque d'Arras, était venu bénir la nouvelle église due au zèle intelligent d'un de ses anciens élèves.

« L'église d'Halinghem, malgré les ressources fort restreintes de la commune, est construite dans le style du XIIIᵉ siècle. Elle a quelque chose de si pur et de si simple ; ses lignes et ses profils sont tellement harmonieux qu'elle plaît, attache et porte au recueillement et à la prière.

« Quel sentiment de foi on remarquait dans la foule qui se pressait autour de ce gracieux monument, pendant que le Prélat le bénissait ! Quelle émotion s'emparait de tous quand le prédicateur, M. Bresselle, curé de St-Pierre, de Boulogne, développait avec un talent hors ligne, les pensées touchantes que suggérait, à tous les cœurs, la bénédiction de cette église désirée depuis un demi-siècle.

« Mais ce qui nous a le plus vivement impressionné, c'est l'entrée triomphale du Dieu, caché au sacrement de l'autel, dans sa nouvelle demeure. La foule qui encombrait la place et se pressait dans l'église était profondément prosternée, et c'est au milieu des flots d'encens et des accords harmonieux du chant et de la prière, que Dieu, sortant de la triste demeure où il reposait, vint prendre possession de son nouveau temple, gracieusement orné de guirlandes de fleurs et de feuillage, de banderolles et de bannières aux diverses couleurs.

« Depuis ce jour, un grand nombre d'étrangers viennent visiter ce charmant édifice qui, lorsqu'il sera complet, deviendra un modèle pour les petites églises de campagne. »

L'église terminée, il fallait la meubler. Rien dans le mobilier de l'ancienne église ne pouvait servir au nouveau sanctuaire. Tout était à faire : autels, chaire, confessionnal, chemin de croix, statues, lampes, chandeliers, ornements. Pour subvenir à ces dépenses, le curé recommence ses quêtes et se fait de nouveau mendiant pour Dieu. Nous sommes heureux de le dire, chacun s'empressa de venir en aide au dévoué quêteur. Les confrères de St-Hubert élèvent un autel en pierre à leur saint patron ; les jeunes filles à la Vierge Mère de Dieu, et les Reines animées d'un beau zèle laissent, comme marque de leur passage, les plus beaux souvenirs. Parmi ces dernières nous devons surtout signaler Mesdemoiselles Élisabeth Robert, Filomène Levier et Augustine Dumoulin.

La vieille cloche étant venue à se briser, les paroissiens en offrirent généreusement une plus considérable. Le pasteur applaudit à ce pieux empressement, et bientôt M. Boursin, doyen de Samer, délégué par Monseigneur l'évêque d'Arras, vint bénir solennellement la nouvelle cloche, entouré d'un grand nombre d'ecclésiastiques des doyennés de Samer, d'Étaples et de Boulogne. De toutes les communes environnantes, les pieux fidèles s'étaient joints aux habitants de la paroisse pour donner plus de pompe à cette cérémonie.

Sur la cloche est gravée l'inscription suivante :

J'AI PRIS NAISSANCE POUR HALINGHEM, EN L'AN DE GRACE MDCCCLXIII. J'AI ÉTÉ NOMMÉE MARIE-ANTOINETTE.

PAR AMÉDÉE-LOUIS-MARIE DE BAVRE, CHEVALIER DE LA LÉGION D'HONNEUR, MON PARRAIN, ET PAR DEMOISELLE MARIE-ANTOINETTE DE MONTBRUN, MA MARRAINE.

FRANÇOIS LEFEBVRE ÉTANT CURÉ DE LA PAROISSE. ALEXANDRE ROBERT, MAIRE. PIERRE LEVIER, PRÉSIDENT DE LA FABRIQUE. PIERRE ANQUER, AUGUSTE DUMOULIN, HENRI PREVOST, LOUIS-MARIE MAILLARD, FABRICIENS.

Cette cloche du poids de 500 kilos est sortie de la fonderie de Douai, dirigée par MM. Drouot frères.

XIV.

**Consécration du maître-autel par Monseigneur
Parisis. — Translation des reliques de Saint
Hubert par Monseigneur Cataldi. — Consécration de l'église par Monseigneur Lequette.—Érection d'un calvaire paroissial.**

————

Monseigneur Parisis, heureux des résultats obtenus
dans la paroisse d'Halinghem, voulut donner à ses habitants une marque de sa haute satisfaction, en venant
consacrer le maître-autel du nouveau sanctuaire. Cette
imposante cérémonie eut lieu le 19 octobre 1863. La
veille, l'évêque d'Arras avait donné à Halinghem la confirmation aux enfants des villages d'Halinghem, Widehem,
Verlincthun, Nesles et Neufchâtel.

Nous ne donnerons pas ici les longs détails de la touchante et instructive cérémonie de la consécration d'un
autel ; nous constaterons seulement qu'elle a été dirigée
avec le plus grand ordre et le plus profond recueillement.

Voici le procès-verbal, transcrit sur parchemin, qui se

trouve avec les reliques et les grains d'encens, dans la boîte de plomb scellée dans la table de l'autel, sous une plaque de marbre blanc.

Anno Domini millesimo octingentesimo sexagesimo tertio, die decimâ nonâ mensis octobris ego Petrus-Ludovicus episcopus atrebatensis consecravi altare hoc in honorem sancti Sylvestri et reliquias sanctorum martyrum Justi et Victoris in eo inclusi, et singulis Christi fidelibus, hodie unum annum et in die anniversario consecrationis hujusmodi ipsam visitantibus quadraginta dies de verâ indulgentiâ, in formâ ecclesiæ consuetâ concessi (¹).

✝ *Petrus-Ludovicus*

Epis-atreb.

Après la cérémonie, l'évêque fit une touchante allocution sur la destination de l'autel et du temple chrétien. L'église était complètement remplie par une foule pressée, attentive, silencieuse, avide d'entendre cette parole puissante et énergique, cette doctrine empreinte de tant de noblesse et d'élévation, ces considérations si appropriées à notre temps, si conformes à nos besoins. Monseigneur termina son discours en adressant de chaleureuses félicitations aux paroissiens. M. l'abbé Clabaut, professeur de philosophie à l'institution de Monseigneur Haffreingue, nous a conservé ce souvenir. Dans le compte-rendu de la cérémonie

---

(1) L'an 1863, le 19 du mois d'octobre, nous Pierre-Louis, évêque d'Arras, avons consacré cet autel en l'honneur de St-Sylvestre et nous y avons déposé les reliques des saints martyrs Juste et Victor. Nous avons accordé un an d'indulgence à toutes les personnes présentes à la cérémonie, comme aussi nous accordons quarante jours d'indulgence dans la forme usitée, à tous les fidèles qui visiteront cette église le jour anniversaire de sa dédicace.

publié dans le *Propagateur du Nord et du Pas-de-Calais*, il a reproduit les paroles de Monseigneur d'Arras. Nous allons les transcrire telles que le journal nous les a données.

« Vous avez une gracieuse église, l'une des plus belles
« des paroisses rurales du diocèse ; mais il y a quel-
« que chose de plus beau que l'architecture, c'est
« votre générosité, c'est l'abondance de vos dons, pris en
« général sur ce qui vous est nécessaire. Vous avez voulu
« que la maison de Dieu s'élevât magnifique au milieu
« de vos modestes demeures, comme un éclatant hommage
« de vos cœurs, comme un symbole permanent de votre
« foi religieuse. Soyez-en bénis et persévérez dans ces
« nobles sentiments. Bientôt Halinghem sera, je ne dirai
« pas une paroisse régulière, elle l'est déjà, mais une
« paroisse pieuse et fervente, digne d'être citée comme
« modèle sous tous les rapports. »

Quelle douce consolation pour le pasteur de cette paroisse si ce vœu de l'illustre évêque d'Arras se réalisait un jour !

Quelques années plus tard, Monseigneur Antonio Cataldi, prélat romain et maître de cérémonies de la cour pontificale vint présider la translation des reliques de saint Hubert. Ces reliques avaient été données par son Eminence le cardinal Engelbert Sterckx, archevêque de Malines, primat de la Belgique, à M. Charles Hanon de Boulogne, et ce dernier en avait fait hommage à la confrérie de St-Hubert d'Halinghem dont il fait partie (1).

_____

(1) L'église d'Halinghem possède encore une relique de la vraie croix donnée par M. Wallet, chanoine honoraire d'Arras, curé de St-Michel de Boulogne ; des reliques

L'église d'Halinghem, qui avait été honorée de la présence de tant de prélats si remarquables par leurs talents et leur sainteté, aspirait à une nouvelle gloire. Le successeur de Monseigneur Parisis, Monseigneur Jean-Baptiste-Joseph Lequette, faisait la visite de son diocèse, le curé d'Halinghem lui demanda d'accorder une dernière faveur à ses paroissiens en consacrant leur église. Le nouvel évêque d'Arras accéda avec bonheur au désir des habitants de cette paroisse, et le 14 mai 1868, il faisait son entrée solennelle dans Halinghem, au milieu d'une population heureuse et enthousiaste. Chacun s'était empressé d'orner la devanture de sa demeure ; les rues et la place étaient décorées de guirlandes de fleurs, d'oriflammes, d'écussons, de devises et de gracieux arcs-de-triomphe.

A l'entrée de la commune, le maire, M. Robert (1), complimenta Monseigneur en termes choisis, pleins des sentiments les plus nobles et les plus chrétiens. Nous sommes heureux de reproduire cette allocution.

« Monseigneur,

« Votre zèle si remarquable pour la gloire de Dieu a
« fait que vous n'avez pas oublié la petite portion du
« troupeau que Votre Grandeur vient visiter en ce
« moment. Aussi n'est-ce pas à nous, Monseigneur, mais
« à votre charité épiscopale si paternelle, si universelle,

---

de saint Sylvestre, patron de la paroisse, obtenues par Monsignor Justo Lefevre, abbé commandataire de Lavagnia et une seconde relique de St-Hubert offerte par M. l'abbé Louché, de Boulogne.

(1) Le 17 novembre 1866 M. Robert avait été renommé maire et M. Levier, adjoint.

« que nous rapportons la faveur insigne qui nous est
« accordée aujourd'hui.

« Seulement, au moment où votre Grandeur vient
« visiter notre nouvelle église, je me fais un devoir, au
« nom de la commune tout entière, de vous assurer
« qu'une voix unanime bénit le bon et intelligent pasteur
« qui a si bien dirigé nos saints travaux et que mille fois
« nous avons remercié la Providence qui, par le choix de
« votre Illustrissime prédécesseur, nous a si bien servis.

« En ce beau jour, Monseigneur, à la veille de la con-
« sécration de notre église, quand votre Grandeur vient
« nous accorder une de ces gloires enviées par de grandes
« localités, comment pourrais-je exprimer la vive recon-
« naissance de tous les habitants d'Halinghem. Sur cet
« arc-de-triomphe on a écrit « Béni soit celui qui vient
« au nom du Seigneur ! » et autour de moi, j'entends des
« voix émues qui laissent échapper ce cri du cœur : Béni
« soit le père bien aimé qui vient nous visiter ! »

Monseigneur après avoir répondu au maire avec cet
à-propos, cet abandon, cette bienveillance qui lui sont
habituels, se rendit processionnellement à l'église. Dans
l'intérieur du nouveau sanctuaire, le curé de la paroisse
adressa à l'évêque les paroles suivantes :

« Monseigneur,

« L'empressement et l'enthousiasme de cette population
« heureuse de contempler les traits de son premier pas-
« teur et de recevoir sa bénédiction, vous disent mieux
« que je ne le pourrais faire, quel est le respect, l'amour,
« la vénération de mes chers paroissiens pour leur évêque.

« La renommée est venue leur apprendre la douce et
« suave bonté qui vous caractérise, Monseigneur, et ils
« vous aiment même sans vous connaître. Pouvais-je les
« arrêter dans cette voie, quand moi-même j'ai une affec-
« tion inaltérable, une vénération profonde et un respect
« filial pour celui qui, avant d'être mon évêque, a été
« pour moi un maître, un conseiller, un protecteur ?

« Les mêmes sentiments de joie et de bonheur devaient
« donc être vivement partagés et par les paroissiens et
« par leur curé.

« Mais il est une circonstance particulière qui vient
« encore augmenter notre amour pour votre Grandeur ;
« c'est qu'elle a daigné ne pas oublier ce pauvre village et
« que demain elle va lui accorder une faveur insigne en
« consacrant cette église.

« Toutefois, Monseigneur, je crois que cette haute
« faveur est une récompense méritée, car Dieu qui a
« donné à cette population croyante, la foi et le désir du
« bien, lui a refusé les dons de la fortune. Et cependant,
« Monseigneur, vous le voyez, oubliant leur pauvreté, les
« habitants de cette paroisse ont élevé ce temple avec des
« dons volontaires. Ils ont voulu que Dieu eût une
« demeure digne de lui, et je n'ai qu'à remercier la Pro-
« vidence de m'avoir choisi pour participer à cette belle
« œuvre.

« Demain, en consacrant ce temple à Dieu, daignez,
« Monseigneur, appeler les bénédictions les plus abon-
« dantes sur toute cette population, sur les autorités de
« cette commune qui, après avoir été noblement généreu-
« ses comme paroissiens, m'ont toujours prêté le concours
« le plus dévoué comme magistrats.

« Faites descendre les bénédictions du Ciel sur le riche
« comme sur le pauvre, car tous ont été heureux d'appor-
« ter leur offrande, tous ont fait de grands sacrifices. Que
« ne puis-je, Monseigneur, vous redire tout ce dont nous
« avons été témoin, toutes les douces consolations qui
« sont venues nous réjouir au milieu de nos travaux et de
« nos fatigues ? Sous l'habit du pauvre et du travailleur
« nous avons rencontré des cœurs bien nobles et grande-
« ment généreux.

« Il me semble que les paroles que le grand apôtre
« écrivait aux Corinthiens nous aient été transmises pour
« que nous pussions les répéter dans cette circonstance.
« *Leur pauvreté a su trouver et répandre avec abondance*
« *les richesses de leur charité. Rendons-leur ce témoignage,*
« *ils ont donné autant qu'ils pouvaient, plus même qu'ils*
« *pouvaient.* »

« Aussi, Monseigneur, daignez, dans votre sollicitude
« épiscopale, bénir tous mes paroissiens grands et petits,
« ils me sont tous chers au même titre, et veuillez ne pas
« oublier dans vos prières celui qui, sous votre paternelle
« surveillance s'efforce de les diriger et de les conduire
« dans le chemin de la vérité, de la justice et de la
« vertu. »

Monseigneur, visiblement ému, prit la parole et après
avoir répondu au curé de la paroisse, épancha, dans le
cœur des fidèles avides de l'entendre, les sentiments qui
débordaient de son cœur d'évêque et de père. Il félicita les
paroissiens de l'esprit de foi qui régnait au milieu d'eux,
du zèle que tous avaient montré pour la maison de Dieu,
et leur dit que ce monument serait là toujours comme

une prière continuelle en leur faveur, comme un témoignage impérissable de leur piété.

Vers le soir, l'évêque déposa solennellement, dans un riche reliquaire, les saintes reliques destinées à la consécration de l'autel de saint Hubert. Après le chant des cantiques et des hymmes, la veillée fut faite la nuit par les confrères de saint Hubert et le lendemain, à sept heures, Monseigneur commença l'imposante cérémonie de la consécration de l'église.

Plus de trente prêtres assistaient en habit de chœur à cette belle fête. Parmi eux on distinguait M. Proyart, vicaire-général, doyen du chapitre, M. Rémont, grand-doyen de l'arrondissement de Boulogne, curé de Saint-Vincent-de-Paul, M. Boursin, doyen de Samer, M. Leuilleux, curé de St-François-de-Sales de Boulogne, actuellement évêque de Carcassonne, M. Jonas, curé de N.-D. de Boulogne, M. Devin, missionnaire-diocésain, tous chanoines honoraires du diocèse. M. l'abbé Haigneré, archiviste de la ville de Boulogne, M. Wallet, aumônier des Dames-de-Nazareth, M. Deltour, curé du Portel, bénéficiers de première classe. Presque tous les curés du doyenné de Samer, MM. les abbés Robert, curés de Nordausque et d'Audrehem, originaires d'Halinghem, et plusieurs autres ecclésiastiques de Boulogne et des doyennés voisins.

Nous ne décrirons pas les cérémonies pleines de grandeur et de magnificence de la consécration d'une église, depuis la procession trois fois répétée autour de l'enceinte sacrée, l'entrée dans l'église vide de fidèles, l'aspersion des murailles, les deux traînées de cendres, en forme de croix, embrassant tout le vaisseau, et sur lesquelles le pontife trace en grands caractères, avec le pied de son bâton pastoral, les alphabets grec et latin ; jusqu'à la procession des reliques, la consécration de l'autel avec ses bougies allumées sur les croix de la table d'autel, les douze onctions sur les murs, les encensements multipliés et les chants liturgiques empreints de significations mystérieuses et symboliques. Quand on n'a pas assisté à une consécration d'église, il est impossible de se faire une idée de la sublime grandeur des cérémonies qui se succèdent pendant environ quatre heures.

Après la messe pontificale, l'évêque adressa encore la parole à la foule recueillie et attentive qui se pressait dans l'enceinte de l'église ; et dans une allocution émouvante, porta à son comble l'émotion préparée dans tous les cœurs par ces magnifiques cérémonies dont l'ensemble venait de se dérouler avec une si touchante grandeur. Tous étaient profondément émus, et ce grand jour laissera un souvenir impérissable au milieu de la population d'Halinghem.

M. l'abbé Haigneré a rendu compte de cette cérémonie dans la *Semaine religieuse* du diocèse. Nous allons lui emprunter quelques passages de son récit.

« Vendredi dernier 15 mai, Monseigneur Lequette assisté d'un nombreux clergé a fait la consécration solennelle de l'église d'Halinghem, dans le doyenné de Samer. Témoin de cette imposante cérémonie, je crois devoir en rendre compte pour l'édification des lecteurs de la *Semaine* et pour faire connaître plus amplement l'œuvre accomplie dans cette paroisse par son digne curé.

« Halinghem n'avait pour église, il y a quelques années, qu'une masure informe, croulante et délabrée, la plus pauvre et la plus indigne qu'il fût possible de voir à dix lieues à la ronde. Mais comment songer à la rebâtir, lorsque le village est pauvre et que les besoins sont si grands. Un prêtre zélé, homme de goût, initié de bonne heure à la connaissance des saines doctrines de l'art chrétien, élevé et nourri au pied de ce dôme de Notre-Dame de Boulogne qui dit si haut comment il faut s'y prendre pour bâtir des églises, s'est dévoué à la reconstruction de l'église d'Halinghem.

« Les paroissiens ont souscrit pour les dépenses du gros œuvre, le gouvernement a apporté son obole, les généreux donateurs qui à Boulogne tiennent toujours leur bourse ouverte en faveur des bâtisseurs d'églises, que sais-je ! beaucoup d'autres que Dieu connaît et dont le pieux quêteur ne voudra pas me dire le nom, tous y ont contribué depuis déjà près de dix ans, et l'œuvre est achevée ou peu s'en faut.

« L'église s'est élevée en briques et pierres de taille, avec sa flèche aiguë, ses verrières en grisailles, ses autels et sa chaire en pierre sculptée, son chemin de croix monumental encastré dans la muraille, ses fonts baptismaux d'un style élégant, ses grilles en fer ouvragé, ses croix, ses chandeliers, ses lampes, ses bannières, ses statues de la Vierge et des saints, toute la *sacra supellectilis* du XIIIe siècle au grand complet, au point que c'est merveille de trouver quelque chose d'aussi homogène dans une petite église rurale. Mais aussi, combien cela prouve-t-il la pauvreté de l'ancien temple et les difficultés qui ont incombé à celui qui a entrepris la tâche de tout créer où il n'y avait rien.

« Le curé d'Halinghem ne s'est pas contenté de bâtir et de meubler, il a voulu décorer son église. Les retables des autels, les piliers et les colonnes du chœur, les baies des fenêtres, les nervures des voûtes, les panneaux de la la chaire, tout est animé de vives couleurs et rehaussé par l'éclat de l'or.

« C'est là l'édifice que Monseigneur Lequette a voulu revêtir du caractère le plus élevé dans l'ordre des monuments religieux. Déjà Monseigneur Parisis en avait consacré solennellement l'autel principal. Mais Monseigneur Lequette, qui gémit de voir tant d'églises n'appartenir au culte que d'une manière pour ainsi dire provisoire et qui ne recule devant aucune fatigue pour remédier à ce triste état de choses, a bien voulu venir faire la solennelle dédicace de l'église d'Halinghem. C'est ainsi qu'agissait ses vénérables prédécesseurs, les vieux évêques de Thérouanne, qui ont consacré presque toutes nos églises rurales dans le cours de leurs visites.........

« La cérémonie a été parfaitement conduite, sous tous les rapports, et elle laissera de profonds souvenirs dans la population, comme dans l'âme de tous ceux qui l'ont vue s'accomplir. »

Dans l'après-midi, Monseigneur reprit sa route au milieu des acclamations de la population qui n'avait cessé de lui témoigner sa reconnaissance. Les regrets et les vœux des habitants d'Halinghem accompagnèrent l'évêque d'Arras à son départ, mais le père de famille se doit à tous et il allait porter ailleurs ses douces faveurs et ses saintes bénédictions.

Avant de quitter la paroisse, Monseigneur Lequette se rendit dans l'annexe pour bénir la nouvelle église. L'auteur du compte-rendu que nous venons de citer termine son récit par ces mots :

« L'après-midi, Monseigneur a béni l'église de Widehem, petite commune du canton d'Étaples, cachée derrière les collines du Haut-Boulonnais, comme un bel oasis de verdure, dont nul ne soupçonnerait l'existence. Widehem est l'annexe d'Halinghem, et M. le curé n'a pas voulu la traiter moins bien que la paroisse chef-lieu. Là, il y avait une église, dont le chœur du XVe siècle n'est pas sans mérite, mais dont la nef avait besoin d'être refaite à neuf. Le dévoué bâtisseur n'a pas reculé devant cette seconde entreprise, et il n'y a pas été moins heureux que dans la première. Grâce à ses efforts, à ceux des paroissiens, grâce aussi aux libéralités d'une pieuse famille boulonnaise qui possède à Widehem un domaine patrimonial, la nef a été reconstruite de fond en comble avec des fenêtres à meneaux, garnies de verres teintés, aux bordures de couleurs d'un tracé fort élégant. Le chœur a été restauré et Monseigneur Lequette a pu se montrer doublement satisfait de l'amour du prêtre pour la beauté de la maison du Seigneur et du dévouement des paroissiens qui se montrent si zélés pour répondre à l'appel de leur pasteur.

« Belles journées pour le cœur d'un évêque, celles où il peut aller ainsi de merveilles en merveilles, trouvant à chaque pas écrite en pierres, et comme toute vivante la preuve des progrès incessants que fait la religion dans son vaste diocèse ! Les malheurs du passé se réparent ; les hontes sacrilèges de la Révolution s'effacent de partout ;

des monuments plus riches et plus convenables surgissent des ruines que l'impiété avait amoncelées sur le sol de notre patrie. Loué soit Dieu qui inspire tant de vitalité à la sainte église ! »

Afin de conserver le souvenir de ces grandes cérémonies qui sont comme les lettres de noblesse de l'église d'Halinghem, on a placé près du chœur les deux inscriptions suivantes :

HÆC ECCLESIA
COLLATIS INCOLARVM LOCI DONIS
IMPVLSV ET ARBITRIO PAROCHI EORVM
F. A. LEFEBVRE
ÆDIFICATÀ FVIT.

———

PRIMVM LAPIDEM IMPOSVIT
NON. AVG. AN. MDCCCLX
R. D. A. LECOMTE DEC. MAJ. BOLON.

———

IPSAM ECCLESIAM SOLEMNITER BENEDIXIT
VI KAL. NOV. AN. MDCCCLXI
ILL. AC REVER. D. D. AGATHO HAFFREINGVE
PROTONOTARIVS APOSTOLICVS.

———

LAVS DEO

———

La seconde inscription porte :

ALTARE MAJVS CONSECRAVIT
XIV KAL. NOV. AN. MDCCCLXIII
ILL. AC REVER. D. D. PETRVS-LVDOVICVS PARISIS
EPISC. ATREBAT. BOLON. ET AVDOM.

IPSAM ECCLESIAM
CVM ALTARI IN HON. S. HVBERTI IN EA ERECTO
SOLEMNI RITV DEDICAVIT
PLVRIMA SACERDOTVM CORONA CIRCVMDATVS
ILL. AC REV. JOAN. BAPT. JOS. LEQVETTE
EPISC. ATREB. BOLON. ET AVDOM.
IDIBVS MAII AN. MDCCCLXVIII.

LAVS DEO

L'église était terminée, mais le curé de la paroisse ne s'était pas contenté de donner ses soins à la construction du nouveau sanctuaire, il s'occupait activement de l'amélioration spirituelle et du salut de ses paroissiens. Après avoir élevé, à la gloire de Dieu, un temple matériel, il voulait lui préparer dans les cœurs des sanctuaires qu'il préfère à toutes les richesses et à toutes les merveilles de l'art. En 1863, il avait fait donner une mission par le R. P. Alphonse, carme déchaussée de la maison de St-Omer. Quelques années plus tard le R. P Saintourens, dominicain de la maison d'Abbeville, en prêcha une seconde qui produisit d'heureux fruits de salut.

L'année suivante (1870), les habitants d'Halinghem puissamment aidés par une personne pieuse de la paroisse, élevèrent un magnifique Calvaire. Nous terminerons cette notice en retraçant le compte-rendu de cette cérémonie publiée par la *Semaine religieuse d'Arras*, sous la signature de M. l'abbé D. Haigneré.

« Dimanche dernier, 22 mai, une intéressante cérémonie réunissait dans la paroisse d'Halinghem les fidèles des environs et un nombreux clergé. Il s'agissait de la plantation d'un calvaire monumental, donné par les habitants pour être adossé à l'église et faire face à la principale entrée du village. Après que la messe et les vêpres eurent été chantées en grande solennité au milieu d'une affluence considérable, une procession magnifique fut organisée pour aller chercher le Christ, déposé sur un brancard splendidement orné, que portèrent les jeunes gens de la paroisse, tandis que le reste du cortége avec les bannières et les Saintes Reliques lui faisait escorte. M. Boursin, doyen de Samer, présidait la cérémonie, ayant été délégué par l'autorité ecclésiastique pour faire la bénédiction solennelle du Calvaire.

« Le Sermon a été donné par M. Queste, grand-doyen de Montreuil, qui, dans un langage approprié à la circonstance, a célébré avec chaleur les gloires de la croix et fait ressortir les grands enseignements que cet instrument de salut est destiné à rappeler à tous ceux qui le contemplent.

« La fête a été favorisée par un temps superbe, et tout le monde a pu voir, une fois de plus avec édification, tout ce que le zèle intelligent d'un prêtre dévoué a su réaliser de merveilleux dans cette paroisse auparavant trop abandonnée. Chaque année, ce sont des fêtes nouvelles qui toutes marquent une étape de plus dans la voie du progrès spirituel. Ces religieuses populations se prêtent, d'ailleurs, avec un empressement admirable, à l'impulsion qui les pousse successivement et avec persévérance vers le bien.

« C'est là, en vérité, ce que demande la sainte liturgie, au jour de la fête des pontifes : *De profectu sanctarum ovium fiant gaudia æterna pastorum.* Aussi est-ce toujours avec un plaisir nouveau que les ecclésiastiques de la contrée se retrouvent sur la pieuse colline d'Halinghem, afin d'y louer Dieu de ce qu'il a bien voulu faire pour ranimer d'une manière aussi éclatante le divin flambeau de la foi chrétienne au milieu des campagnes du Boulonlonnais. » (1)

L'année suivante M. Alexandre-François Robert fut renommé maire à l'élection, et M. Pierre Levier ayant donné sa démission à cause de son grand âge, M. François Gobert fut nommé adjoint (10 mai 1871). Ces deux magistrats sont encore actuellement à la tête de la commune.

(1) *Sem. Relig.* du 26 mai 1870.

TABLE

—

ERRATA

Page 2, note 1, *voir pour rectification*, la note 1 de la page 147.

Page 31, ligne 19, augmenté, *lisez* : augmentée.

Page 93, ligne 19, St-Nicolas-des-Fossés-d'Arras, *lisez* : St-Nicolas-sur-lès-Fossés-d'Arras.

Page 96, ligne 25, de Comont, *lisez* : de Caumont.

Page 110, l'ordre des notes a été interverti ; le numéro (2) répond à la note 1, et le numéro (1) à la note 2.

Pape 157, note 1, *lisez* : Ibid., p. 137 et 138.

Boulogne-sur-Mer. — Imp. Camille LE ROY, 51, Grande Rue.

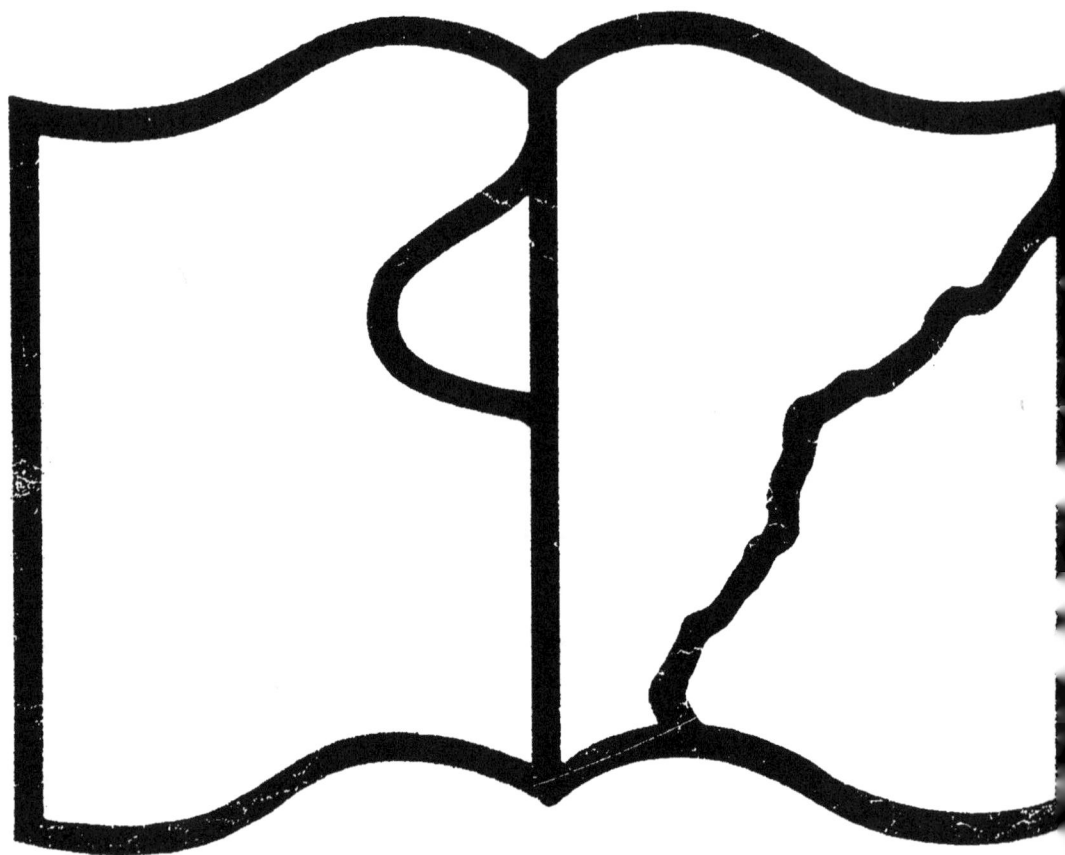

Texte détérioré — reliure défectueuse

NF Z 43-120-11

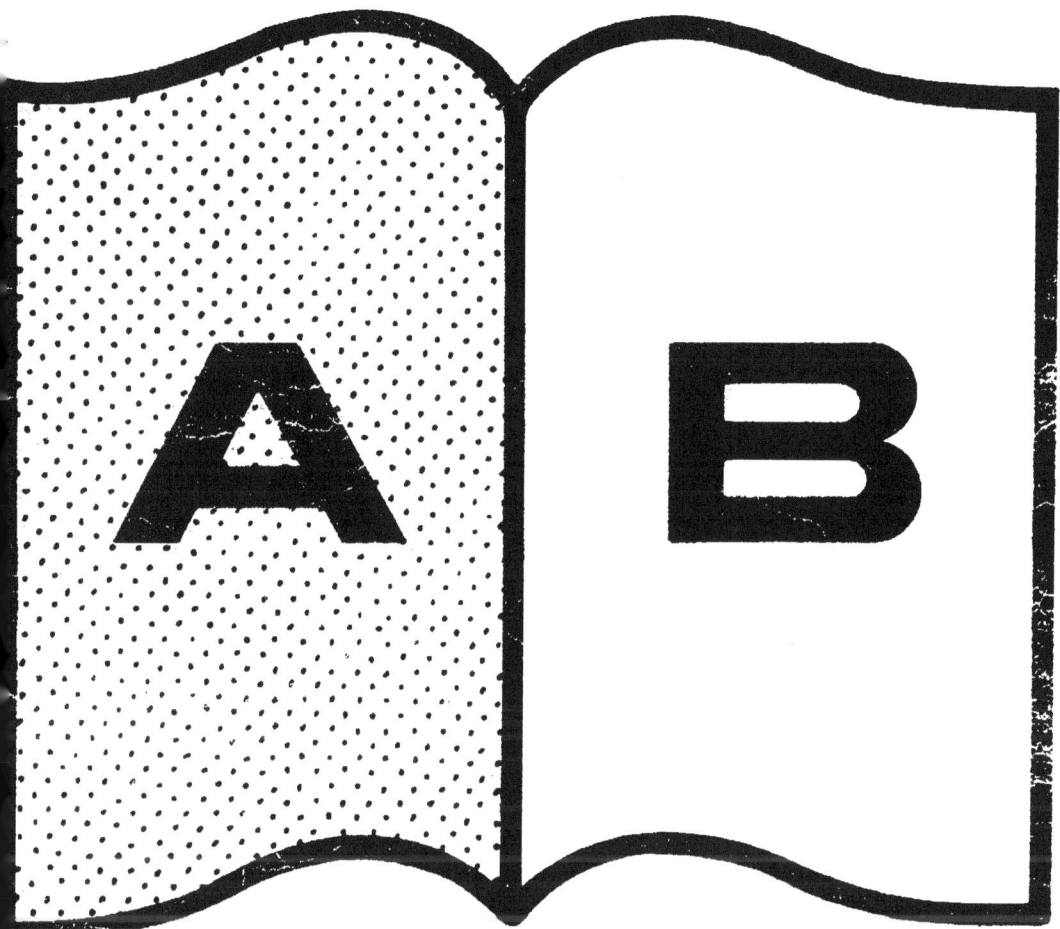

Contraste insuffisant

NF Z 43-120-14

www.ingramcontent.com/pod-product-compliance
Lightning Source LLC
Chambersburg PA
CBHW060130100426
42744CB00007B/742